더 많은 사람이 읽게 만드는
글쓰기 기술

더 많은 사람이 읽게 만드는 글쓰기 기술

미야자키 나오토 지음 | 김지혜 옮김

짧지만 강력한
콘텐츠 쓰기 전략

뇌와 손의 부담을 덜어주는
독자 중심 UX 라이팅

유엑스리뷰

목차

제8장 가장 완전한 문장력으로 글쓰기 완성

맺음말

"평범한 말로 비범한 것을 말하라."

_아르투어 쇼펜하우어,《문장론》

들어가며

독자 중심적 사고방식이
당신의 인생을 바꾼다

어떻게 하면 눈에 잘 들어오는 문장을 쓸 수 있을까?
전달력 있고 간결한 문장을 쓰려면 어떻게 해야 할까?

글을 쓸 때 이런 고민을 하고 있다면, 그 고민을 단번에 해결할 방법이 있다. '독자 중심적' 사고방식에 따라 글을 쓴다. 이것 하나면 충분하다. 글이 눈에 잘 안 들어오지 않고, 전달력이 떨어지고, 간결하지 않은 이유는 전부 '자기중심적' 사고방식으로 글을 쓰기 때문이다. 즉, 독자의 시각을 고려하여 "이렇게 쓰면 독자가 어떻게 받아들일까?"라는 고민을 충분히 하지 않았기 때문이다.

지금 당신은 아마도 자신이 전하고 싶은 것을, 자신이 원하는 방식으로 쓰고 있을 것이다. 그런 방식으로 쓴 글은 독자에게 전해지지 않는다. 그런 글은 자기중심적이고 일방적인 연애편지에 불과하다. 독자의 마음을 움직이기는커녕 받아들여지지 않을 수도 있다. 독자가 원하는 것을 독자가 읽기 쉽게 쓴다. 이것이 전달력이 뛰어난 문장의 핵심이다. 최고의 연애편지는

언제나 좋아하는 사람을 생각하는 마음으로 넘치는 법이다.

"그래서 도대체 어떻게 하면 독자의 마음을 움직이는 문장을 쓸 수 있다는 거야?"라고 생각하고 있다면, 안심하라. 글쓰기는 재능이 아니라 기술이다. 이 책에서 말하는 문장력은 확실히 훈련만 하면 누구든 익힐 수 있다. 왜냐하면 대부분 과학적 근거가 있는 방법 혹은 고전이라고 할 수 있는 뛰어난 문헌으로 증명된 방법이기 때문이다. 내 개인적인 경험이나 근거가 없는 주관적 주장이 아닌 데이터와 제삼자에 의한 객관적 사실을 바탕으로 고안된 방법이기도 하다.

디지털화로 인해 세상은 크게 바뀌었다. 문장력도 예외가 아니다. 나처럼 글을 쓰는 사람이 가장 크게 영향을 받는 점은 문장의 질을 데이터로 평가할 수 있게 됐다는 것이다. 나는 UX 라이터, 카피라이터로 활동하며 애플리케이션과 웹 서비스, 메일 등 디지털 미디어로 글을 쓰고 있다. 그래서 이 모든 조건에서 데이터로 효과 유무를 검증할 수 있다. 실제로 독자를 움직이는 글을 데이터로 가시화할 수 있게 된 것이다. 과학적 근거가 있어 재현성도 높다.

물론 독자에게도 디지털화로 인한 변화가 생겼다. 소통 방법도 종이와 펜을 사용하는 시대에서 컴퓨터로 메일을 주고받는 시대로 바뀌었고, 그나마도 겨우 몇 글자뿐인 짧은 문장을 주고받을 뿐이다. 따라서 요구되는 문장력의 수준이 크게 변화했다는 점은 이 책을 읽고 있는 당신도 실감하고 있으리라 생각한다. 이러한 변화를 정확하게 파악하고 더 좋은 글쓰기 기술을 익혀 삶이 더 풍요롭고 자유로워지길 바라며 이 글을 쓴다.

이 책은 틀림없이 술술 읽힐 것이다. 왜냐하면 이 책에 정리된 독자 중심적인 문장력을 완벽하게 활용해서 썼기 때문이다. 그리고 UX(사용자 경험) 전문가로서 이 책은 서적을 통한 사용자 경험, 즉 쾌적한 '독자 경험'을 추구하며 구성했다. 실제로 이 책을 읽으며 내가 고안한 독자 중심적 글쓰기의 효과를 꼭 경험해 보길 바란다.

이 책의 목적

직장인이 쓰는 모든 문장에는 달성해야 하는 목적이 존재한다. 그리고 그것은 이 책도 마찬가지다. 따라서 먼저 이 책의 목적을 명확히 하려고 한다.

"인생에서 정말로 도움이 되는 독자 중심적 글쓰기 기술을 전달해 더 자유롭고 스트레스에서 해방된 삶을 실현하도록 돕는다."

이것이 이 책의 목적이다. 단순히 글쓰기라고 했지만, 그 종류와 목적은 천차만별이다. 그중에서도 이 책은 비즈니스 현장과 취업 활동에 정말로 도움이 되는 글쓰기 기술을 전달하는 데 초점을 맞추고 있다.

정말로 도움이 되는 문장이란 전달하고자 하는 바를 올바르고 빠르게 독자에게 전달하는 문장이다. 인터넷이나 SNS의 보급에 따라 최근에는 감성적인 글이나 웃긴 글에 사람들의 관심이 집중된다. 그러나 감성적인 글이나 웃긴 글을 쓰기 위한 문장력이 당신의 인생에 도움이 되는 일은 그리 많지 않다.

예를 들어 일할 때 쓰는 메일이나 기획서, 취업을 위해 쓰는 이력서 등에 사용하는 문장은 특정한 독자에게 사실 관계나 자기 생각, 과거의 경험을 전달하는 것이 목적이다. 이러한 글은 대부분 감정적인 문장으로 독자의 마음을 움직이기보다 올바른 정보가 눈에 잘 들어오는 문장으로 논리정연하고 단순하게 전달해야 한다.

설령 감성적이거나 웃긴 글을 쓰는 방법을 배운다고 해도 그 문장으로 본래 목적을 달성하지 못한다면, 결국 '글을 통해 무엇을 전달하고자 하는지 알 수 없는 사람'이 될 뿐이다. 이때 필요한 것이 독자 중심적인 문장을 쓰는 기술이다. 쓰는 사람이 쓰고 싶은 대로 쓴 글은 독자에게 전혀 전달되지 않는다. 자기중심적인 문장으로는 상대방을 움직일 수 없다. 독자에게 전달하고자 하는 정보가 무엇인지, 어떻게 써야 독자에게 확실히 전달되는지 등 독자를 철저하게 생각한 글이야말로 진짜 '사람을 움직이는 글'이다.

나는 카피라이터로서 신문과 잡지, TV 광고 등 전통적인 광고 카피라이팅에 종사한 후, 현재는 UX 라이터로서 스마트폰 애플리케이션에 표시되는 텍스트 등을 생각하는 새로운 영역인 'UX 라이팅'을 실천하고 있다. 내가 지금까지 약 15년에 걸쳐 계속 추구한 것은 독자의 행동을 단숨에 바꾸는 문장이다. 내가 익힌 모든 기술을 이 책에 모두 담고자 한다.

글은 불편한 도구다

문장은 본래 매우 불편한 도구다. 최근에는 글과 문장이 신격화되어 '뭐든 해결해 주는 마법 같은 도구'로 과대평가를 받고 있다고 느낀다. 물론 글과 문장은 마법처럼 강력한 힘을 낼 수도 있다. 그러나 그것이 가능한 사람은 말이 지닌 힘을 글로 최대한 끌어낼 줄 아는 한 줌의 전문가들뿐이다. 솔직히 나도 그 경지에 도달했다고 단언할 자신은 없다. 일부 전문가를 제외한 사람 대부분에게 글은 매우 다루기 어려운 것이다.

예를 들어 팬데믹의 영향으로 채팅을 통한 텍스트 커뮤니케이션 기회가 폭발적으로 늘었던 시기가 있었다. 그러나 나는 이 채팅 커뮤니케이션을 그다지 좋아하지 않는다. 왜냐하면 온라인보다 직접 대화하는 편이 압도적으로 정보량이 많고 소통도 원활하기 때문이다. 게다가 텍스트 커뮤니케이션으로는 말할 때의 세세한 뉘앙스가 전달되지 않아 불필요한 문제가 자주 발생한다. 채팅으로 여러 번 소통하다 오해만 쌓일 뿐 답이 안 나와서 화상으로 직접 대화했더니 순식간에 해결되는 경우도 많았다.

글 쓰는 일을 하는 내가 이런 말을 하면 놀라는 사람이 많다. 그러나 조금 멋있게 말하자면 글을 쓰는 일을 하기에 글의 한계를 잘 알고 있다고 말할 수 있다. 따라서 만약 지금 당신이 글을 잘 다루지 못해도 그것은 당신의 탓이 아니라 글 자체가 다루기 어려운 도구이기 때문이다.

글을 쓰는 건 누구에게나 어렵다. 나는 글을 쓰는 일을 하다 보니 다른 사람이 쓴 글을 더 좋게 개선하거나, 강사로서 글쓰기를 어려워하는 사람들에게 글쓰기를 가르치기도 한다. 직장인 대부분이 '나는 글을 못 쓴다.'라고 생각한다(물론 글쓰기 전문가를 눈앞에 두고 "저는 글을 잘 씁니다."라고 말하는 사람도 흔치 않겠지만).

그러니 당신이 글쓰기를 어려워하는 것이 유난스러운 일은 아니다. 그리고 지금 이 책을 손에 들었다는 것은 글을 잘 쓰고 싶다고 강하게 바란다는 증거라고 생각한다. 그 향상심만 있다면 글은 확실히 발전한다. 앞서 말했듯 글을 쓰는 것은 재능이나 센스가 아니라 기술이다. 시간을 들여서 훈련하면 반드시 나아진다. 부디 긍정적으로 글과 마주하길 바란다.

글쓰기가 어렵다면 쓰지 않아도 된다. 이 책은 일이나 생활 속에서 어쩔 수 없이 글을 써야 할 때 필요한 '최소한의 필수적인 부분'만을 전달하는 것이 목적이다. 왜냐하면 글쓰기가 어려운 사람이나 글쓰기에 재미나 흥미를 느끼지 못하는 사람은 억지로 글을 쓸 필요가 없다고 생각하기 때문이다.

당신에게는 글이 왜 필요한가

조금 다른 이야기로 넘어가자면, 나는 글로벌 기업에서 일하고 있어서 지금까지 몇 차례 집중적으로 영어를 공부한 경험이 있다(아직 영어를 잘하지는 못하지만…). 그때 읽었던 인지 과학 연구자인 이마이 무츠미 씨의 저서 《영어 독습법》 서두에 '영어를 배우는 것'에 대해 이렇게 쓰여 있었다.

"가장 우선순위가 높은 목표를 위해 정말로 필요한 일인지 다시 한번 생각해 보기 바란다. 지금은 영어를 할 수 있다고 해서 그 자체만으로 대우받는 시대가 아니다. 그런 시대에 전문가 수준의 영어가 정말로 자신에게 필요한지, 만약 필요하다면 그 시간과 노력을 정말로 할애할 각오가 되어 있는지를 신중히 생각해야 한다."

나는 이 문장을 읽고 정말로 충격을 받았다. 눈이 번쩍 뜨인다는 말이 바로 이런 경우를 두고 하는 말이라고 생각했다. '이제부터 열심히 영어를 공부해야지.'라는 결심으로 읽기 시작한 책이 "당신의 인생에 정말로 영어가 필요한가?"라고 물은 것이다. 마치 책이 내 각오를 확인한 기분이었다. 그리고 곰곰이 생각해 보니 막연하게 '영어를 잘하고 싶다!'라고 생각했을 뿐, 구체적으로 어느 정도 수준까지, 얼마나 향상되어야 하는지에 대해 명확하게 생각해 본 적이 없었다는 것을 깨달았다.

이것은 글쓰기에도 똑같이 적용된다. 최근에는 "직장인도 자신을 알리는 게 중요하다! 인스타그램이나 블로그에 적극적으로 참여하자!"라는 이야기를 자주 듣는다. 그러나 글쓰기가 서툰 사람이 억지로 노력해도 큰 성과를 기대하기는 힘들다. 그보다는 오히려 본인이 잘하거나 정말 즐겁다고 느낄 수 있는 일에 시간과 노력을 투자하는 편이 인생을 훨씬 더 풍요롭고 멋지게 만든다.

이 책에서는 "글을 쓰기 전에 먼저 왜 그 글을 쓸 필요가 있는지 생각해 보자. 글을 쓰는 목적을 생각해야 한다."라는 내용을 다룬다. 문장력을 키우기 전에, 그 목적을 명확히 해야 한다. 그렇게 하면 본인에게 필요한 글쓰기 수준을 알 수 있다. 그 수준이 명확해지면 먼저 이 책을 통해 본인에게 필요한 최소한의 글쓰기 능력을 짧은 시간 안에 익히도록 하자. 나머지 시간은 잘하는 일이나 흥미를 느끼는 일에 더 투자하기를 권장한다. 서툰 글쓰기에 들이는 시간과 스트레스로부터 해방되어, 삶에서 진정으로 중요한 일에 더 많은 시간을 쓸 수 있게 만드는 것. 이것이 이 책의 사명이다.

이 책의 사용 방법

먼저 1장에서는 인간의 뇌 구조와 시대에 따라 변화하는 '읽기'라는 행위를 고찰하여, 독자 중심적인 문장이 요구되는 이유를 설명한다. 2장 이후부터 실천적인 글쓰기 기술을 다루며, '그렇게 써야 하는 이유'에 대해 상세히 설명한다. 지금 당장 문장력을 향상하는 기술만 필요하다면 2장부터 읽어도 괜찮다. 그러나 인간은 이유를 이해하고 행동할 때, 학습 효과가 비약적으로 향상된다. 그러므로 이 부분을 꼭 읽어 보기를 권한다.

2장에서는 독자 중심적인 문장을 쓰기 위해 가장 중요한 '간결하게 쓰기'를 다룬다. 불필요한 부분을 제거하고 단순한 문장을 쓰기 위한 네 가지 실천적인 기법을 소개하고 있다.

3장에서는 독자 중심적인 문장을 쓰기 위한 실천적인 방법론을 설명한다. 2장과 3장이 이 책의 핵심 부분이다.

4장에서는 글이 '간결해야 하는 이유'의 중요성을 샤넬, 스티브 잡스, 쇼펜하우어 등의 말을 인용해 설명한다.

5장에서는 내가 카피라이터로 일해 온 경험을 바탕으로 캐치프레이즈나 네이밍 작업에 유용한 기술들을 소개한다. 그중에서 독자 중심적인 문장을 쓰는 데 핵심이 되는 요소들을 설명한다.

6장에서는 내가 현재 가장 집중하고 있는 분야인 'UX 라이팅'을 다룬다. UX 라이팅의 기본부터 실제 사례까지 소개하며, '독자 중심적인 글쓰기 경험을 어떻게 설계할 것인가'에 대해 설명한다.

7장에서는 글쓰기를 '기능적 글쓰기'와 '감상적 글쓰기'로 나누어 다룬다.

이 부분은 다소 고급 내용이니 앞부분을 충분히 읽고 난 후에 접하면 더 빨리 이해할 수 있다.

8장에서는 업무에서 글을 쓸 때 주의해야 할 점들을 정리했다. 우리가 직장에서 쓰는 글은 대부분 누군가의 요청으로 작성된다. 의뢰인이 만족하는 글을 쓰는 방법을 설명한다.

모든 장은 기본적으로 독립적인 구성이니 관심이 있는 부분부터 읽어도 괜찮다. 자신에게 중요한 부분을 읽고 자기 것으로 소화해서 실생활에 유용하게 쓰기를 바란다.

"진리는 간결하게 표현될수록
독자에게 깊은 감동을 전한다."

_ 아르투어 쇼펜하우어, 《문장론》

제 1 장

사실 인간은
문장을 읽지 않는다

인간은 문장을 20%만 읽는다

글을 쓸 때 반드시 알아 둬야 할 것이 하나 있다. 바로 '인간은 글을 읽지 않는다.'라는 사실이다. 중요한 말이니 다시 한 번 말한다. 인간은 글을 읽지 않는다.

'글을 읽는' 행위는 인간의 뇌에 생각보다 훨씬 큰 부담이 되는 작업이다. 인간의 뇌는 엄청난 에너지를 사용하는 기관이기 때문에, 가능한 한 에너지를 절약하도록 설계되어 있다. 뇌과학자인 그레고리 번스^{Gregory Berns} 박사는 "인간의 뇌는 기본적으로 게으르다."라고 말했다. 즉 "자원을 절약하기 위해 가능한 한 글을 읽지 말자."라고 스스로 판단한다는 뜻이다. 이것이 바로 인간이 글을 읽지 않는다고 단언하는 이유다.

인간의 뇌가 글을 읽는 데 적합하지 않다는 것은 여러 연구에서도 증명됐다. 그중에서도 제품과 서비스의 사용 편의성을 추구하는 UX 분야에서 유명한 것은 웹 유저빌리티 전문가 야콥 닐슨^{Jakob Nielsen} 박사가 쓴 〈사용자는 텍스트를 얼마나 안 읽는가^{How Little Do Users Read?}[1]〉라는 문헌이다.

다음 그래프를 보기 바란다.

---

1 https://u-site.jp/alertbox/20080506_percent-text-read

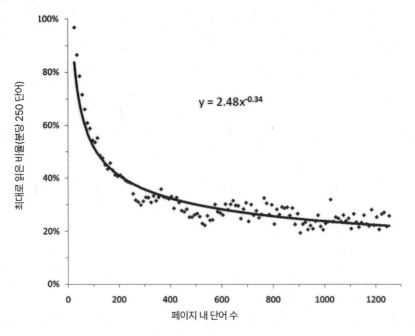

$$y = 2.48x^{-0.34}$$

(세로축) 최대로 읽은 비율(분당 250 단어)

(가로축) 페이지 내 단어 수

출처: U-site 〈사용자는 텍스트를 얼마나 안 읽는가〉

　가로축은 페이지 내 영어 단어 수, 세로축은 읽은 비율을 나타낸다. 보다시피 1,200단어를 넘을 경우 약 20%인 240단어 정도만 읽는다는 사실을 알 수 있다. 이 기사는 2008년에 발표됐으며, 지금은 그 당시보다 훨씬 더 사람들이 글을 읽지 않게 되었을 것이다. 스마트폰의 등장으로 '읽기'라는 경험 자체가 크게 변화했기 때문이다.

스마트폰과 읽기 경험의 변화

2021년 6월, 〈허프포스트 일본판〉의 전 편집장 다케시타 류이치로가 엑스^{X,} (옛 트위터)에 한 기사를 공유했다[2]. 미국의 온라인 경제 매체 〈인사이더 ^{Insider}〉의 편집장이 "한 기사를 600단어 이내로 제한하라."라고 지시했다는 기사였다. 독자의 가독 편의성을 고려한다는 이유였다.

예를 들어, 당신은 빠르게 트위터의 타임라인을 확인할 때, 모든 트윗을 꼼꼼히 읽는가? 혹은 친구가 재미있는 기사를 공유하면 첫 글자부터 마지막 글자까지 전부 읽는가? 아마 아닐 것이다(나도 안 읽는다).

---

2 https://twitter.com/ryuichirot/status/1405650005273157635

트위터에서는 트윗에 첨부된 기사 URL을 클릭하지 않고 리트윗하려고 하면, "먼저 기사를 읽고 싶으신가요?"라는 알림이 표시된다. 이 사실만 봐도 '사람들이 얼마나 기사를 안 읽는지' 알 수 있다.

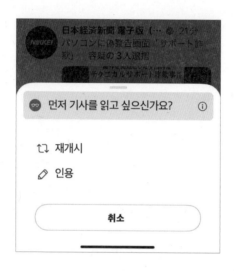

디지털화로 무한해진 글자 수

너무 긴 글이 많아진 데는 원인이 있다. 글의 디지털화로 인해 공간의 제약이 사라졌기 때문이다. 가장 쉽게 이해할 수 있는 예가 신문과 잡지다. 종이 매체인 신문이나 잡지의 글은 글자 수가 제한된다. 잡지나 신문에 글을 쓸 때는 '주어진 좁은 공간에서 얼마나 정확하게, 얼마나 많은 정보를 전달할 수 있는지'가 중요한 기술이었다. 그러나 전자 서적의 등장 등으로 인해 공간의 제약은 사실상 사라졌다. 무한정 글을 쓸 수 있게 된 것이다. 이러한 이유 때문에 독자를 고려하지 않은 지나치게 긴 글들이 인터넷상에 양산됐다.

이메일이 자꾸 길어지는 이유도 마찬가지다. 글자 수에 제한이 없기 때문이다. 만약 이메일에 '200자까지'라는 제한이 있었다면 어떻게 됐을까? 아마 불필요한 부분을 줄이거나 글자 수를 조정해서 200자 안에 맞추려고 노력했을 것이다. 하지만 제한이 없으니 장황하고 가독성이 떨어지는 이메일을 보내게 된다.

그런 의미에서, 140자 제한이 있는 트위터는 글쓰기 훈련에 매우 유용하다. '정해진 글자 수 안에서 어떻게 하면 가장 효과적으로 전달할 수 있을지'를 고민해야 하기 때문이다. 앞서 600단어 제한을 채택한 웹 미디어도 글자 수를 제한함으로써 더 알차고 전달력이 뛰어난, 압축된 글이 생산되기를 기대했다고 볼 수 있다.

인지 능력과 집중력 저하

스마트폰의 보급에 따른 디지털화로 사람들에게 나타난 변화 중 하나가 집중력 저하다. 〈내셔널 지오그래픽〉은 미국 텍사스 대학 오스틴 캠퍼스의 심리학자 에이드리안 워드Adrian Ward 박사의 실험[3]을 소개했다.

---

3   내셔널 지오그래픽, 〈스마트폰이 있으면 지루함을 느끼고 집중력이 낮아진다(해외 연구 사례)〉
    https://natgeo.nikkeibp.co.jp/atcl/news/19/012900065/?P=2

800명의 피험자를 대상으로 두 종류의 어려운 작업을 수행하는 실험을 진행했다. 첫 번째 과제는 무작위로 나열된 문자들을 외우면서 수학 문제를 푸는 것이었고, 두 번째 과제는 몇 가지 선택지 중에서 시각적인 도형을 완성할 이미지를 선택하는 것이었다.

일부 피실험자들은 자신의 스마트폰을 다른 방에 두도록 지시를 받았다. 나머지 피실험자들은 스마트폰을 주머니에 넣거나 책상 위에 둘 수 있었다. 스마트폰은 과제를 수행하는 데 아무런 도움이 되지 않았지만, 스마트폰이 손에 닿기 쉬운 위치에 있을수록 피실험자의 성적에 영향을 미쳤다. 스마트폰을 다른 방에 둔 사람들이 가장 좋은 성적을 냈고, 스마트폰을 눈앞에 둔 사람들의 성적이 가장 나빴다. 스마트폰을 주머니에 넣어 둔 사람들에게서도 인지 능력의 저하를 확인할 수 있었다.

이 실험에서 놀라운 점은, 스마트폰을 실제로 사용하고 있는 상태가 아니라 단지 근처에 뒀을 뿐인데도 사람의 집중력이 떨어진다는 점이다. 이 실험을 통해 연구자들은 스마트폰 중독이 청년들의 독해력을 저하할 가능성을 우려하고 있다. 스마트폰의 등장으로 인해 사람들에게 읽는 행위는 더 어려운 것이 되어 버렸다.

독자는 당신의 글을 읽지 않는다

스마트폰이 등장하여 읽기 경험이 변화했고, 세상의 정보량이 폭발적으로 증가했으며, 더 나아가 영상 매체의 발전까지 더해져 사람들은 점점 글에서 멀어지고 있다. 이런 상황에서 글을 쓸 때 가장 중요한 것, 그것은 바로 당신이 쓰는 모든 글을 독자들이 '읽지 않는다.'고 전제해야 한다는 점이다.

글을 쓰는 사람에게 자신의 글은 마치 자식처럼 사랑스럽게 느껴지기 마련이다. 그래서 당연히 독자도 기꺼이 읽어 줄 것이라고 기대한다. 그러나 이것은 큰 착각이다. 독자는 당신의 글에 전혀 관심이 없으며, 가능하면 읽고 싶지 않다고 생각한다.

이 점은 업무 중에 대량으로 날아오는 이메일을 생각하면 쉽게 이해할 수 있다. 맡은 업무와 무관하게 참조^{CC}로 송신되는 수많은 이메일에 질린 경험은 누구에게나 있을 것이다. 그런 수많은 이메일 중에서 내가 보낸 이메일을 확실히 읽게 만들어야 한다. 여기서 필요한 것이 바로 독자 중심적인 문장력이다.

카피라이터는 처음에 '아무도 광고를 보고 싶어 하지 않고, 아무도 캐치프레이즈 따위는 읽고 싶어 하지 않는다.'라는 사실을 철저히 주입당한다. 신문이나 잡지를 읽는 사람들은 기사를 읽고 싶어서 그 매체를 구매한다. 아무도 광고의 캐치프레이즈를 읽고 싶어 하지 않는다. TV 광고는 그보다 더 심해서 바로 채널을 바꿔 버린다. 최근 등장한 구독형 동영상 서비스에는 아예 처음부터 광고가 없다. 그만큼 어떤 의미에서는 광고가 사람들에게 외면받고 있다고 할 수 있다.

그런 상황에서 '어떻게 하면 읽어 줄까?', '어떻게 하면 관심을 가질까?', '어떻게 하면 좋아해 줄까?'를 고민하는 것이 카피라이터의 일이다. 이런 점에서 볼 때 '독자가 읽지 않는다.'라는 전제를 두고 글을 쓰는 것은 카피라이터들이 오래도록 갈고닦은 기술 중 하나이며, 글을 쓸 때 매우 유용한 기술이다.

나처럼 글쓰기를 직업으로 하는 사람이 "사람들은 글을 읽지 않는다."라고 말하면, 다소 모순처럼 느껴질 수 있다. 게다가 "읽어 주지 않는 글을 쓴다."라고 말하면 왠지 모르게 슬픈 직업처럼 보일지도 모른다.

그러나 나는 그 반대라고 생각한다. '인간은 글을 읽지 않는다.'라는 전제 하에 '어떻게 하면 원하는 바를 전달할 수 있을까?'를 고민하는 기술이야말로 디지털 시대에 필요한 문장력이라고 생각한다. 그리고 자기 기술로 이를 실현하는 것은 매우 보람차고 가치 있는 일이라고 믿는다.

또, 문장력을 키우려고 하는데 갑자기 "사람들은 글을 읽지 않는다."라는 말을 들으면, 막막하게 느껴질 수도 있다. 하지만 걱정하지 않아도 된다. 내가 사용하는 글쓰기 기술은 글을 읽는 것이 서툰 독자에게 '어떻게 하면 효과적으로 내용을 전달할 수 있을까?'를 추구한 기술이라고 해도 과언이 아니다. '독자의 부담을 조금이라도 줄이기 위해 어떻게 해야 할까?'를 고민하는 배려의 기술이다.

헤드라인의 글자 수

글을 제대로 읽지 않는다는 가정하에 인간이 글자 정보를 인식하는 방법은, 말하자면 '본다.'라는 감각에 가깝다.

다음 이미지는 인터넷 뉴스[4]의 헤드라인이다.

· 게임에서 온라인 괴롭힘 급증, 대처는 NEW
· NTT 도코모 데이터 통신 장애 발생 NEW
· SIE 게임 개발 'Bungie' 매수 합병 NEW
· 국가 공무원은 재택근무 대응 전환 중 ▶
· 밀접 접촉 알림 가장한 가짜 메시지 급증 ▶
· Spotify 코로나19 가짜 뉴스 대책 설명
· 스마트폰 충전율 추위로 급감, 사실인가
· 불법 만화 사이트 4사가 미 IT 제소

출처: 야후재팬 뉴스

이 헤드라인들에는 한 가지 공통점이 있다.

전부 특정 글자 수 이내로 작성된 것이다.

야후재팬 뉴스의 기사 제목은 오랫동안 13.5자(일본어 기준)로 유지됐다. 이후, 기사 내용을 더 정확하게 반영하기 위해 14.5자로 변경됐고 현재는 15.5자로 작성된다. 이는 조사 결과에 따라 도출된 최적의 글자 수다. 최근에는 제목이 정보를 전달하는 데 오해를 불러일으킬 우려가 있어 글자 수를

---

4 https://news.yahoo.co.jp/

늘리는 방향으로 전환하고 있으나, 약 20년 동안 13.5자로 통일되어 있었다.[5]

그런데 인간의 시각 정보 처리에 관한 연구에도 흥미로운 실험 결과가 있다. 교토 대학 대학원 시모다 히로시의 실험에 따르면, 인간이 안구를 움직이지 않고 인식할 수 있는 글자 수는 9~13자라는 결과가 나왔다.

읽기와 안구 운동 (3)

- **독서 속도**
  - 독서 속도는 한 줄당 글자 수와 글자 크기의 함수이나, 최적의 값은 개인의 독서 능력에 따라 좌우된다
  - 독서 속도의 향상은 안구 정지 횟수의 감소로 달성된다
- **세로 읽기와 가로 읽기**
  - 큰 차이는 없다
  - 개인의 독서 경험에 따라 달라진다
- **인식 범위**
  - 한 번의 안구 정지 중에 인식되는 범위는 9~13자
  - 시각 정보는 겹치면서 수용된다

교토 대학 대학원 에너지 과학 연구과, 에너지 사회·환경 과학 전공 시모다 히로시

출처: 가비지 뉴스 〈제목은 13자까지가 적절한가?〉[6]

---

5 https://news.yahoo.co.jp/newshack/info/yahoonews_topics_heading14.html
6 https://www.garbagenews.net/archives/1459012.html

웹상에서 짧은 글로 내용을 전달하는 행위에 있어 가장 많은 데이터를 보유하고 수많은 시행착오를 반복한 것은 아마도 인터넷 뉴스의 기사 제목일 것이다. 그 시행착오의 결과와 과학적 연구 결과가 거의 일치하는 것은 결코 우연이 아니다.

뇌의 관점에서 문장을 생각하자

나는 이과 출신으로, 대학 시절에는 뇌과학을 연구했다. 전공은 인간의 시각과 관련된 부분이었고 졸업 논문 제목은 〈근적외선 분광법을 사용한 시각 영역과 전두엽의 동시 측정〉이었다. '인간의 뇌에서 시각 정보가 어떻게 처리되는지'에 대해 분석했다. 또, 광고 회사에서 일할 때도 뇌 측정을 응용한 뉴로 마케팅neuromarketing 실용화를 위해 대학과 공동으로 연구하는 프로젝트에 참여했다. 이러한 과거의 경험 덕분에 글을 쓸 때도 인간의 뇌 관점에서 생각하게 됐다.

인간의 뇌가 문장을 인식하는 과정은 크게 두 가지로 나눌 수 있다. 하나는 글자를 눈으로 인식하는 과정이고, 다른 하나는 눈으로 인식한 글자를 정보로 처리하는 과정이다. 이 두 과정에서 각각의 독자가 느끼는 부담을 최소화하는 것이 독자 중심적인 글을 쓰는 방법이라고 할 수 있다.

① 눈으로 인식

② 뇌로 처리

아직 읽기에 적응하지 못한 뇌

다음으로 인류의 진화라는 관점에서 글을 읽는 행위에 대해 생각해 보고 자 한다.

우리 조상인 호모 사피엔스가 지구상에 등장한 것은 지금으로부터 약 20 만 년 전이다. 20만 년 전이라고 하면 매우 오래전 일처럼 들리지만, 이때 이미 그들의 신체는 현대인인 우리와 구별할 수 없을 만큼 매우 비슷했다고 한다. 그들은 대부분의 시간을 채집과 사냥으로 보냈다. 당연히 그 세계에 글은 물론, 문자조차 존재하지 않았다.

그들이 처음으로 문자를 접한 것은 약 5000년 전이었다. 즉 호모 사피엔 스는 20만 년의 역사 중 단 5000년 동안만 문자를 접한 것이다. 비율로 따 지면 겨우 2.5%에 불과하다. 나머지 97.5%의 시간은 문자가 없는 세계에서 살아왔다. 20만 년 전부터 우리와 거의 다를 바 없었던 호모 사피엔스가 그 긴 역사 중 겨우 2.5% 동안만 문자를 접했다고 생각하면, 문자가 우리에게 얼마나 새로운 문물인지 알 수 있다. 인류에게 있어 문자는 이제 막 사용하기 시작한 새로운 도구이기 때문에 잘 다루지 못하는 것이 당연하다.

게다가 최근 우리는 디지털화라는 큰 변화를 맞이했다. 2021년 베스트셀러인 《인스타 브레인》에서 저자 안데르스 한센Anders Hansen은 호모 사피엔스의 20만 년 역사를 2페이지에 걸쳐 1만 개의 점으로 표현했다. 그중 우리가 스마트폰을 접한 기간은 1만 개의 점들 가운데 단 하나에 불과하다. 그는 "현재 디지털 환경은 인류에게 매우 이례적인 상태다."라고 말했다.

20만 년 중 문자가 탄생한 지 5000년. 디지털화된 지 겨우 십수 년. 현대인인 우리가 많은 시간을 할애하고 있는 '스마트폰으로 글을 읽는' 행위에 인류의 뇌는 아직 전혀 적응하지 못한 상태다.

세상에서 가장 오래된 문장

5000년 전 인류가 처음으로 남긴 글은 어떤 문장으로 이루어졌을까? 베스트셀러 《사피엔스》에서 유발 하라리Yuval Harari는 우리 조상들이 남긴 초기 메시지 중 하나로 '29086 보리 37개월 쿠심'이라는 예를 들었다. 이 문장은 '총 29,086단위의 보리를 37개월 동안 수령했다(쿠심).'라고 읽으면 된다.

이와 관련해 유발 하라리는 "안타깝게도 현존하는 초기 문서에는 철학적

통찰도, 시나 전설, 법률, 왕의 승리조차 기록되어 있지 않다. 그것들은 세금 납부나 채무 누적, 자산 소유권 등을 기록한 지루한 실용 문서일 뿐이다."라고 썼다. 그가 보기에는 약간 실망스러운 내용이었던 듯하다.

그러나 나는 오히려 이러한 '실용 문서'야말로 우리에게 정말 필요한 글이라고 생각한다. 감정적으로 사람의 마음을 움직이는 것이 아니라, 짧고 간결한 문장으로 독자에게 정확한 내용을 전달하는 것이야말로 이 책이 전수하고자 하는 기술이다.

바이럴은 필요 없다

글쓰기에 어려움을 느끼는 이유 중 하나는 사람의 마음을 사로잡는 글을 써야 한다고 오해하기 때문이다. 많은 사람이 감성적인 글, 재치 있는 글, 또는 바이럴이 되는 글 등, '사람의 마음을 단번에 사로잡는 글이야말로 좋은 글'이라고 생각한다. 그리고 그런 글을 쓰지 못하면 글쓰기가 서툴다고 느낀다. 하지만 정말 그럴까? 당신의 일상에서 사람의 마음을 사로잡는 글이 요구되는 경우가 얼마나 있는지 생각해 보자.

재택근무 중의 채팅을 예로 들어 보자. 감정적이고, 재치 있고, 바이럴이 될 만한 문장으로 상대방의 마음을 사로잡을 필요가 있을까? 그럴 일은 거의 없다. 그보다 중요한 것은 업무를 원활하게 진행하기 위해 전하고자 하는 바를 상대방이 정확하게 이해하게 하는 기술이다.

나는 이 기술이야말로 당신이 진정으로 익혀야 할 것이라고 생각한다. 바이럴이 되는 글이나 감성적인 글은 못 써도 된다.

글은 목적이 아니라 수단이다

'바이럴이 될 만한 글을 쓰고 싶다.' 혹은 '감성적인 글을 쓰고 싶다.'라고 생각하는 사람은 글쓰기 자체가 목적이 됐을 가능성이 있다. 그러나 어디까지나 글은 목적이 아닌 수단이다.

달성하고자 하는 목적이나 과제가 있고, 그 과제를 해결하기 위한 수단으로 글이 존재한다. 이 책의 글이 바로 그러하다. '당신의 문장력을 향상한다.'라는 단 하나의 목적을 달성하기 위해 존재하는 글이다. 단순히 글을 쓰고 책을 내는 것이 목적이 아니다.

문장력에 관한 책들의 표지에는 "성공적인 바이럴을 원한다면 꼭 읽어야 할 책!" 같은 문구가 적혀 있다. 하지만 '당신의 인생에서 정말로 바이럴이 필요한가?'라는 점을 생각해 봐야 한다. '성공적인 바이럴'이란 것은 어디까지나 수단이다. 바이럴을 성공시키는 것이 당신에게 정말로 이익이 되는지 잘 생각해야 한다.

이는 상품 광고에서도 마찬가지다. 조금 지난 일이지만, 클라이언트가 "무조건 바이럴이 되는 영상을 만들어 달라!"라고 광고 대행사에 요청하던 시기가 있었다. 이것이 바로 바이럴이 수단이 아닌 목적이 되어 버린 상태다. 목적은 어디까지나 상품을 판매하는 것이고, 바이럴을 성공시키는 것은 그 목적을 달성하기 위한 수단 중 하나일 뿐이다.

바이럴이 목적이 되면 어떤 일이 벌어질까? 설령 바이럴이 성공해도 '상품이 전혀 팔리지 않는' 상황이 벌어질 수 있다.

최근 '바이럴'이라는 단어가 점점 사라져 가는 이유는 많은 사람이 '바이럴은 본질이 아니다.'라는 사실을 깨달았기 때문이라고 생각한다.

만약 당신이 자신의 글로 성공적인 바이럴을 하고 싶다면, 성공적인 바이럴이 필요한 이유와 그것이 정말 당신에게 이익이 되는지 한 번 더 생각해 보기를 권한다.

제 2 장

짧고 굵게 쓰는 법

짧은 문장이 잘 읽힌다

독자 중심의 글을 쓸 때 가장 중요한 것은 바로 '무조건 짧게 쓰는 것'이다. 여러 번 언급했듯이, 독자는 글을 끝까지 읽어 주지 않는다. 그런 독자가 조금이라도 글을 쉽게 읽을 수 있는 가장 효과적인 방법이 '짧게 쓰기'다.

이것만 의식해도 글의 가독성은 훨씬 높아진다.

내가 예전에 일했던 라쿠텐^{Rakuten}이나 지금 일하는 페이디^{Paidy}에서는 'A/B 테스트'라는 방법으로 짧은 글과 긴 글 중 어느 쪽이 독자의 클릭이나 탭을 더 유도하는지 여러 번 검증했다.

결과는 항상 같았다. 짧은 글의 클릭률이 더 높았다.

그렇다면 글을 짧게 쓰기 위해서 구체적으로 어떻게 해야 할까?

무엇을 말할 것인가

글이나 프레젠테이션 등에서 무언가를 전달하는 행위는 크게 두 가지 요소로 나눌 수 있다. '무엇을 말할 것인가(What to say)'와 '어떻게 말할 것인가(How to say)'이다. 내가 카피라이터가 됐을 때 가장 처음 배운 것이 바로 이 두 가지였다.

글을 짧게 쓸 때 가장 중요하고 간단한 방법은 '무엇을 말할 것인가'를 특정하는 것, 즉 '전달할 내용을 특정하는 것'이다.

예를 들어, 아래 문장을 살펴보자.

> 다음 달 출시되는 신형 스마트폰은 세계에서 가장 가볍고, 최첨단 고성능 카메라를 탑재했으며, 대용량 배터리로 장시간 사용이 가능합니다. 또 다섯 가지 색상 옵션을 갖추고 있으며, 방수 성능도 뛰어납니다. 게다가 얼굴 인식 시스템이 탑재되어 있어 보안도 완벽합니다.

신형 스마트폰의 특징을 소개한 이 문장에서, 신형 스마트폰의 특징으로 말하고자 하는 내용은 몇 가지일까?

정답은 다음 여섯 가지다.

· **세계에서 가장 가벼운 무게**
· **최첨단 고성능 카메라 탑재**
· **장시간 사용이 가능한 대용량 배터리**
· **다섯 가지 색상 옵션**
· **뛰어난 방수 성능**
· **얼굴 인식 시스템에 의한 완벽한 보안**

한 번에 여섯 가지 특징을 모두 전달하면 머릿속에 잘 들어오지 않고, 기억에도 남지 않는다. 그렇다면 과감히 우선순위가 높은 세 가지로 줄여 보자.

> 다음 달 출시되는 신형 스마트폰은 세계에서 가장 가벼운 무게를 자랑하며, 최첨단 고성능 카메라를 탑재했고, 대용량 배터리로 장시간 사용이 가능합니다.

이렇게 하면 '가벼운 무게', '고성능 카메라', '대용량 배터리'라는 세 가지가 기억에 남는다. 이처럼 우선순위에 따라 덜 중요한 내용을 삭제해 더 중요한 요소만을 확실히 전달할 수 있다.

과잉 정보는 없느니만 못하다

문장력 양성 강좌에서 강사로 일할 때 자주 받는 질문 중 하나가 "여러 사람이 많은 정보를 넣어 달라고 해서 곤란하다."라는 내용이다. 예를 들어 이번 예문에 등장한 스마트폰 제조사 같은 경우, 팸플릿을 작성하는 사람에게 대량의 자료를 전달하며 "이 정보도 저 정보도 모두 넣어 주세요."라는 요구를 해 곤란한 상황이라고 할 수 있다.

그래서 나는 항상 "팸플릿이 달성해야 할 목적은 무엇인가요?"라고 질문한다. 팸플릿의 목적은 고객에게 제품을 구매하도록 유도하는 것이다. 이를 위해서는 제품의 특징을 확실히 기억에 남는 형태로 전달해야 한다. 개발자가 전달하고 싶은 내용을 그대로 전해도 고객은 혼란스럽기만 하다. 결국 아무것도 전달하지 못하고, 제품 구매를 유도할 수도 없다.

글을 쓰는 사람은 모은 자료를 모두 전달하기 전에 독자의 눈으로 선별해야 한다. 이것이 바로 독자 중심의 '무엇을 말할 것인가'다.

스티브 잡스와 다섯 개의 종이 뭉치

전하고자 하는 말을 특정하는 것의 중요성이 아주 명확하게 드러나는 에피소드를 하나 소개하고자 한다.

애플의 창업자 스티브 잡스가 초대 아이맥^{iMac} 광고를 고민하고 있던 1998년의 이야기다. 세계 최고의 광고 중 하나로 꼽히는 "Think different(다르게 생각하라)."의 창시자이자 스티브 잡스의 영원한 파트너였던 크리에이티브 디렉터, 리 클로우$^{Lee\ Clow}$와 함께 광고의 내용을 논의하고 있었다.

크리에이티브 디렉터
리 클로우

리 클로우는 광고 메시지를 하나로 압축해야 한다고 생각했다. 그러나 스티브 잡스는 이 광고에서 "아이맥의 특징을 다섯 가지로 보여 주고 싶다."라고 주장했다. 그러자 리는 다음과 같이 행동했다.

리는 메모장에서 다섯 장의 종이를 찢은 뒤, 한 장씩 둥글게 말기 시작했다. 모든 종이를 다 말고 나자, 그의 퍼포먼스가 시작되었다.

그는 "스티브, 받아 봐."라고 말하며 종이 뭉치 하나를 테이블 너머로 던졌다. 스티브는 어렵지 않게 종이 뭉치를 잡아서 다시 던졌다.

"이게 좋은 광고야." 리가 말했다.
"다시 한번 받아 봐."라며 이번에는 종이 뭉치 다섯 개를 한꺼번에 스티브

이 퍼포먼스를 보고 난 후 스티브 잡스는 광고 메시지를 단순화하기로 결심했다고 한다.

나는 이 에피소드를 정말 좋아한다. 이 이야기는 글쓰기에서도 압도적인 설득력을 발휘한다. 글 속에서 많은 정보를 던져도 독자가 받아들일 수 있는 것은 하나뿐이다.

여러 사람이 많은 정보를 넣어 달라고 해서 고민인 사람들은 꼭 이 에피소드를 활용하길 바란다. 상대방도 분명히 "전달할 정보는 가능한 한 줄여야 한다."라는 점을 받아들일 것이다. (물론, 본인이 스티브 잡스보다 더 뛰어나다고 생각하는 사람에게는 소용이 없다.)

포인트를 세 개로 좁혀야 하는 이유

"말하고자 하는 내용을 줄여라."라는 말을 들어도, 전달하고 싶은 내용이 많은 상황에서 메시지를 단 하나로 좁히기는 매우 어렵다. 그렇다면 한 번에 전달해도 되는 메시지의 개수는 최대 몇 개일까?

그 답은 말할 것도 없이 '세 가지'다. 아마 당신도 '프레젠테이션 필승법!' 같은 책이나 기사에서 "일단 '포인트는 세 가지입니다.'라고 선언하라."라는 테크닉을 접한 경험이 있을 것이다.

스티브 잡스는 이 '세 가지 포인트'를 가장 잘 활용한 인물이었다. 그는 신제품을 발표하면서 "혁신적인 제품을 하나가 아니라 세 개 소개하겠습니다."라고 말한 뒤, 다음과 같은 프레젠테이션을 진행했다.

> "바로 이 세 가지죠. 터치로 조작하는 와이드 스크린 아이팟, 혁신적인 휴
> 대전화, 획기적인 인터넷 기기. 아이팟, 전화, 인터넷 커뮤니케이터. 아직
> 도 모르겠나요? 세 가지로 나뉜 게 아닙니다. 사실 하나죠. 이것이 아이폰
> 입니다."
>
> _카마인 갈로, 《스티브 잡스 프레젠테이션의 비밀》

그렇다. 아이폰이 처음 발표되었을 때의 프레젠테이션이다. 3이라는 숫
자를 매우 효과적으로 활용해 프레젠테이션을 극적으로 연출했다.

그렇다면 왜 '세 가지' 포인트일까? 물론 여기에는 과학적 근거가 있다.
예를 들어, 앞서 언급한 스티브 잡스의 프레젠테이션을 상세히 분석한《스
티브 잡스 프레젠테이션의 비밀》에 따르면, 우리의 뇌가 단기 기억으로 유
지할 수 있는 정보는 극히 제한적이다.

이 사실을 발견한 벨 연구소의 조지 밀러[George Miller]는 1956년에 〈마법의
숫자 7±2〉라는 논문을 발표했다. 이 논문에서는 "숫자가 7자리에서 9자리
를 초과하면 단기 기억으로 처리하기 어려워진다."라는 연구 결과를 제시했
다. 최근에는 인간의 뇌가 쉽게 기억할 수 있는 범위는 3~4개 정도의 항목
이라는 것이 학계 정설로 자리 잡고 있다고 한다.

그리고 우리 주변에는 '3'이라는 숫자가 셀 수 없을 만큼 많다.

· 가위바위보
· 《아기 돼지 삼형제》나 《삼국지》, 《삼총사》
· 하늘, 땅, 사람을 뜻하는 천지인 삼재의 원리로 만들어진 훈민정음
· 속담 '서당 개 삼 년이면 풍월을 읊는다', '구슬이 서 말이라도 꿰어야 보배라'

숫자 3에 얽힌 것들은 이외에도 매우 많다. 도형 중에서도 삼각형이 가장 강도가 높다고 한다. 특히 이야기에서 '3'이 지니는 힘은 강력하다. 내가 좋아하는 《신세기 에반게리온》도 《진격의 거인》도 주연 캐릭터는 세 명이다.

서두에서 언급했듯이 인간의 구조가 오랜 시간 동안 거의 변하지 않았다면, 지금까지의 긴 역사 속에서 3이라는 숫자가 많이 활용되어 온 것은 우리의 뇌와 몸을 움직이는 매우 강력한 힘을 지닌다는 증거라고 생각할 수 있다.

따라서 글을 쓸 때나, 사물을 정리할 때는 꼭 이 '3'이라는 숫자에 주목하길 바란다.

내용을 바꾸지 않고 짧게 줄인다

앞서 소개한 것은, 전하고자 하는 내용을 특정해서 간결하게 전달하는 기술이었다. 전달할 내용을 줄여서 짧게 만들었다면, 다음은 내용을 바꾸지 않고 짧게 만들어야 한다. 즉, '어떻게 말할 것인가'를 개선해서 짧게 만드는 과정이다.

우선, 아래의 문장을 살펴보자.

〈BEFORE〉

신종 코로나바이러스는 매우 전염력이 높은 바이러스로, 신종 코로나바이러스의 감염을 막기 위해서는 마스크를 착용하는 것이 효과적이기 때문에 외출하는 경우에는 마스크를 착용해 주시기를 간곡히 부탁드립니다.

어떤가? 눈에 잘 안 들어오지 않는가? 이 문장을 독자 중심의 짧은 문장으로 바꾸면 다음과 같다.

〈AFTER〉

전염력이 매우 높은 신종 코로나바이러스. 감염 예방에는 마스크 착용이 효과적입니다. 외출 시에는 마스크를 착용하세요.

문장이 전반적으로 깔끔해지고 훨씬 가독성이 높아졌다. 이 문장에서 사용한 것은 다음의 네 가지 기술이다.

① 한 문장을 짧게 줄인다

BEFORE는 하나의 문장에 모든 내용이 담겨 있다. 반면, AFTER는 세 개의 문장으로 나뉘어 있다. 이처럼 한 문장으로 길게 늘여 쓰는 대신 문장을 짧게 나누면 훨씬 읽기 편하다. AFTER에서는 하나의 문장에 한 가지 내용만 담아 총 세 가지 내용을 언급한다.

· **신종 코로나바이러스는 전염력이 매우 높다**
· **마스크 착용은 감염을 막는 효과적인 대책이다**
· **외출 시에는 마스크를 착용해야 한다**

이 세 가지 내용을 각각 하나의 문장으로 전달함으로써 전체적으로 가독성이 높은 글을 완성했다.

또 이번 예시에서는 각 문장의 글자 수를 줄이면서, 글 전체의 글자 수도 줄었다. 이렇게 꾸준히 글자 수를 줄이는 노력이 독자 중심의 글로 이어진다.

다음 문장을 짧은 문장으로 나눠 보자.

문제

① 문장력을 배움으로써 글쓰기 능력이 향상되었고, 직장에서의 평가도 높아져서 더 좋은 조건으로 이직할 수 있었다.

② 신제품이 큰 화제를 모으며 공급이 따라가지 못하는 바람에 한때 출하가 중단되었지만, 그것이 오히려 인기 가속화의 요인이 되어 창립 이래 최대 히트 상품이 되었다.

③ 나는 일에서 가장 중요한 것은 속도라고 생각하며, 맡은 일을 최단 시간 안에 끝낼 수 있도록 스킬을 익히고 정보를 수집하는 것을 게을리하지 않는다.

① 문장력을 배워 글쓰기 능력이 향상되었다. 직장에서의 평가도 높아져서 더 좋은 조건으로 이직할 수 있었다.

② 신제품이 큰 화제를 모았다. 공급이 따라가지 못해 한때 출하가 중단되었다. 그것이 오히려 인기 가속화의 요인이 되어 창립 이래 최대 히트 상품이 되었다.

③ 나는 일에서 가장 중요한 것은 속도라고 생각한다. 맡은 일을 최단 시간 안에 끝낼 수 있도록 스킬을 익히고 정보를 수집하는 것을 게을리하지 않는다.

해설 '~하며', '~만', '~고' 등 문장과 문장을 연결하는 말이 들어간 곳에서 일단 글을 끊으면 가독성이 높은 문장을 만들 수 있다.

② 짧은 말로 바꾼다

문장에서 사용된 말을 다른 말로 바꾸면, 글자 수를 크게 줄일 수 있는 경우가 있다.

예를 들어, '마스크를 착용하는 것'을 '마스크 착용'으로 바꾸기만 해도 세 글자를 줄일 수 있다. '○○하는 것'이라는 표현은 '하는 것'을 삭제할 수 있기 때문에 글자 수를 줄이기 쉬운 표현 중 하나다. 이 표현을 발견하면 더 짧은 표현을 고민해 보길 바란다. '외출하는 경우'도 '외출 시'로 바꾸면 글자 수를 줄일 수 있다.

다음 문장의 표현을 짧게 바꿔 보자.

문제

① 번거로운 절차는 필요하지 않습니다.

② 30일 이내라면 반품하는 것이 가능합니다.

③ 젊은 층에 대한 시장을 넓히는 것을 목표로 합니다.

답안 예시

① 번거로운 절차는 불필요합니다.

② 30일 이내라면 반품이 가능합니다.

③ 젊은 층에 대한 시장 확대를 목표로 합니다.

해설 '불필요' 혹은 '확대' 등의 한자어를 잘 사용하면 글자 수를 대폭 줄일 수 있다.

③ 체언으로 끝내는 방법을 활용한다

　문장의 끝을 명사로 마무리하는 기법을 '체언 종지'라고 한다.
　이 기법이 효과적인 이유는 단어의 중복을 피할 수 있기 때문이다. 문장을 짧게 쓰기 위해 단어 중복은 반드시 피해야 할 요소 중 하나다.

　49페이지의 BEFORE과 AFTER 문장을 비교해 보면, '신종 코로나바이러스'라는 단어가 두 번 등장하는 것을 피하기 위해 문장을 구성하는 요소들의 순서를 바꿨다. 첫 문장을 '전염력이 매우 높은 신종 코로나바이러스.'라고 쓰면 문장의 의미를 바꾸지 않고도 중복되는 단어를 한 번 줄일 수 있다.

　명사형으로 문장을 끝내는 체언 종지는 문장의 리듬감을 살릴 때도 매우 효과적이다. 문장을 소리 내어 읽었을 때 매끄럽지 않다면 꼭 체언 종지를 시도해 보길 바란다.

다음 문장을 체언 종지를 활용해 짧게 바꿔 보자.

문제

최신 스마트폰은 고해상도 카메라를 탑재하고 있다. 최신 스마트폰으로는 마치 영화 같은 영상을 촬영할 수 있다.

답안 예시

고해상도 카메라를 탑재한 최신 스마트폰. 영화 같은 영상 촬영 가능.

 해설 체언 종지를 활용하면 주어의 중복을 피하면서 리듬감 있고 경쾌한 문장을 만들 수 있다.

④ 공손한 말투를 피한다

　사람들은 대개 공손한 표현을 사용하려 한다. 그러나 지나치게 공손한 표현을 쓰다 보면 문장이 눈에 들어오지 않아 전하고자 하는 내용이 제대로 전달되지 않을 때가 많다. 문장의 전달력이 약한 원인 중 하나는 바로 이 지나친 공손함이라고 해도 과언이 아니다.

　'마스크를 착용해 주시기를 간곡히 부탁드립니다.'라는 문장은 얼핏 보면 공손하고 좋은 문장처럼 보인다. 그러나 과도하게 공손한 표현을 사용해 문장이 지나치게 길어졌다. '한 글자라도 짧은 문장이 독자의 부담을 줄인다.'라는 점을 고려하면, 단순하게 '마스크를 착용하세요.'라고 표현하는 편이 독자에게 더 잘 와닿는다.

　또 '착용하세요.' 같은 구체적인 행동 변화를 목적으로 한 문장에서는 더 짧고 날카로운 표현이 효과를 극대화한다. 공손한 표현이 문장의 본래 목적을 방해한다면, 이는 본말이 전도된 상황이라 할 수 있다. 지나치게 공손한 표현으로 글의 인상이 흐려지지 않았는지 반드시 점검해야 한다.

다음 문장을 짧게 줄여 보자.

문제

오늘 제안해 드린 기획 자료는 피드백을 반영하여 추후 이메일로 보내드리

겠습니다. 또 다음 회의 일정에 관해 편한 날짜와 시간을 알려 주시면 감사

하겠습니다.

답안 예시

오늘 제안한 기획 자료는 피드백을 반영하여 추후 이메일로 보내겠습니다.

다음 회의 일정에 관해서는 편한 날짜와 시간을 알려 주세요.

해설 '~드린'이라는 표현만 빼도 압도적으로 짧고 눈에 잘 들어오는 문장이
된다. 문장 속의 공손함이 정말로 필요한지 확인하도록 하자.

독자의 부담을 줄이는 만화의 기법

'롤 모델은 광고 업계가 아니라 다른 업계에서 찾는다.'

내 인생에 가장 큰 영향을 준 사람 중 한 명이 바로 크리에이티브 디렉터, 야나이 미치히코 씨다. 그리고 위의 문구는 내가 광고에 열중하던 시절, 야나이 씨가 자주 했던 말이다.

이 말은 글쓰기 기술을 갈고닦는 지금도 여전히 큰 지침이 된다. 나는 책이나 인터넷뿐만 아니라 게임, 엔터테인먼트, 패션, 철학, 예술 등 다양한 분야에서 언어에 대한 배움을 얻으려 노력한다.

그런 나의 진정한 롤 모델은 바로 만화가를 대상으로 한 창작 강의 〈점프의 만화학교 강의록 ⑥ 작가편: 마쓰이 유세이 선생님의 〈방어력을 높이면 승률도 올라간다〉[7]라는 블로그다. 〈만화학교 강의록〉이라는 제목이 붙어 있지만, 내게는 문장력 강의록과 다름없이 다가왔다.

이 블로그를 읽고, 만화를 그릴 때도 글쓰기와 마찬가지로 '독자 중심'이라는 사고방식이 필요하다는 사실을 깨달았다. 예를 들어, '글자 수를 한 글자라도 줄인다.'라는 부분에서 그러한 교훈을 얻었다.

이 부분에 대해 마쓰이 선생님은 다음과 같이 말한다.

---

7 https://jump-manga-school.hatenablog.com/entry/06

주간 연재 만화 한 화에 등장하는 말풍선은 평균적으로 50개 정도다. 모든 말풍선에서 글자를 약 3자씩 줄이면 150~200자 정도를 줄일 수 있다. 200자는 실제로 읽으려면 꽤 큰 노력이 필요하다. 그 부담을 없애면 독자의 뇌에 '이 만화는 술술 읽힌다.'라는 인식을 잠재적으로 심어 줄 수 있다.

글자 수를 한 글자라도 줄이는 것은 내가 글을 쓸 때 가장 신경 쓰는 점이자 가장 어려운 점이기도 하다. 앞서 언급했듯이 문장을 읽는 행위는 우리가 상상하는 것 이상으로 독자에게 큰 노력을 요구한다. 마쓰이 선생님은 블로그에서 '뇌가 피로를 느낀다.'라는 표현을 여러 차례 반복했다. 그리고 '어떻게 하면 뇌의 피로를 줄일 수 있을까?'라는 점이 글을 쓰는 데 있어 매우 중요한 요소라고 생각한다. 만화처럼 재미를 추구하는 엔터테인먼트에서도 이 요소가 매우 중요하며, 기술로 언급되는 것을 보고 정말 큰 깨달음을 얻었다. 마치 눈이 번쩍 뜨이는 느낌이었다.

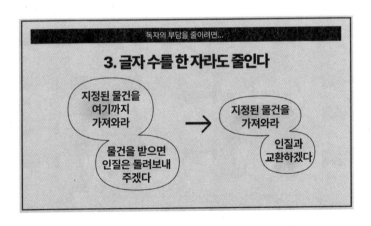

글자 수를 줄이는 것까지가 글쓰기다

문장이 완성되는 순간은 언제일까? 글을 다 쓴 후일까? 아니다. 문장이 완성되는 순간은 글을 쓰고 난 뒤 그것을 다듬고 줄였을 때다.

많은 사람이 글을 다 쓴 상태를 '완성'이라고 생각한다.

그러나 그렇게 해서는 독자 중심적인 글이 될 수 없다. 글을 쓴 뒤 글자 수를 줄이는 과정은 잘 읽히는 글을 쓰기 위한 가장 중요한 과정이라고 할 수 있다.

'귀가할 때까지가 소풍'이라는 말처럼, 글자를 줄이는 것까지가 글쓰기다.

이메일, 기획서, SNS, 취업 활동용 자기소개서 등 어떤 글을 쓸 때도 '다 쓴 후에는 일단 줄이기'를 꼭 습관으로 만들길 바란다. 그 작은 수고만으로도 당신의 글은 훨씬 술술 읽히는 글이 된다.

글을 쓴 후의 체크 포인트
① 한 문장을 더 짧게 만들 수 없는가?
② 더 짧은 표현으로 바꿀 수 없는가?
③ 체언 종지로 바꿀 수 없는가?
④ 공손한 표현이 정말로 필요한가?

다음 문장을 짧게 줄여 보자.

문제

> 당사의 신제품은 최첨단 기술을 도입하여, 타사 제품에서는 실현하지 못했
> 던 새로운 경험을 고객님께 제공해 드립니다.

답안 예시

> 최첨단 기술을 적용한 신제품. 타사 제품으로는 불가능했던 새로운 경험을
> 고객님께 제공합니다.

 해설

네 가지 체크 포인트만 신경 써도 짧고 세련되며 눈에 쏙쏙 들어오는 문
장으로 개선할 수 있다.

제3장

독자 중심적 글쓰기의
6가지 규칙

최소한의 독자 중심적 글쓰기

독자 중심의 글을 쓰기 위해 필요한 요소를 여섯 가지로 압축했다.

① 아름다운 외형

② 목록 정리

③ 중요한 내용 먼저

④ 리듬은 생명

⑤ 외래어 자제

⑥ 하루 묵힌 후 업데이트

이 여섯 가지 규칙만 기억하면 최소한의 독자 중심적 글쓰기가 가능하다. 겨우 여섯 가지다. 꼭 이것만은 기억하길 바란다.

① 아름다운 외형

먼저 아래 광고를 보길 바란다.

평범한 제과점의 광고 카피처럼 보이며, 내용도 자연스럽게 이해된다. 그

러나 자세히 읽어 보면 단어의 글자 순서가 뒤죽박죽이다. '단어 안의 글자 순서를 바꿔도 대부분 아무 문제 없이 읽을 수 있는' 이 현상은 '타이포글리세미아^{typoglycemia}' 라고 불리며, 착각의 일종으로 여겨진다.

인간의 뇌는 눈으로 인식한 것에 이상이 있으면 그것을 정상적인 상태로 자동 보완하는 작용을 한다. 즉, 사람은 글을 읽을 때 개별적인 글자를 정확히 처리하는 것이 아니라, 문장 전체를 보고 그 외형으로 내용을 판단한다.

이러한 사례에서도 알 수 있듯이, 글에서 '외형'은 매우 중요하다. 사람과 마찬가지로 아무리 내면이 훌륭해도 외모나 인상이 좋지 않으면 알아 갈 기회 자체가 줄어든다. 글도 마찬가지로 아무리 훌륭한 내용을 담고 있어도, 외형이 아름답지 않으면 독자가 읽어 주지 않는다.

내가 이 책을 만들 때 가장 신경 쓴 것 중 하나가 바로 그 '외형', 즉 디자인이었다. 이 책은 내가 생각하는 '글의 가장 아름다운 외형'을 실현한 결과물이다.

세 가지 보물 – 행간, 줄 바꿈, 단락 구분

글의 외형을 고려할 때 가장 중요한 요소는 여백이다. 예를 들어 다음 문장을 읽어 보길 바란다.

이 문장은 이전 문장들과 달리 답답한 인상이다. 이 문장만 행간을 좁게 설정했기 때문이다. 그 결과 여백이 적어지고 전체적으로 검고 빽빽한 느낌을 준다. 내가 워드^{Word}나 파워포인트^{PowerPoint}로 글을 작성할 때 가장 먼저 변경하는 설정이 바로 이 행간이다. 워드와 파워포인트는 기본적으로 행간이 상당히 좁게 설정되어 있다. 따라서 먼저 행간 설정을 변경해서 상하 여백을 확보하고, 눈에 잘 들어오는 상태로 만든 후 글을 쓰기 시작한다. 이 '행간을 넓히는 기술'은 단 몇 초 만에 글의 외형을 독자 중심적으로 바꿀 수 있다. 꼭 시도해 보길 바란다.

사실 위 문장이 눈에 잘 들어오지 않는 또 다른 이유가 있다. 바로 줄 바꿈과 단락 구분이 이루어지지 않았기 때문이다.

술술 읽히는 깔끔한 글을 목표로 할 때, 줄 바꿈과 단락 구분은 매우 큰 힘을 발휘한다. 이를 생략하면 위의 예시처럼 매우 가독성이 낮은 문장이 되고 만다. 이 책에서는 줄 바꿈을 되도록 많이 사용해 페이지에 여백을 만듦으로써 독자가 읽기 쉽게 구성했다.

또 한 단락은 가능한 한 다섯 줄 정도로 구성한다. 위 문장을 보면 알 수 있듯이, 사람은 대량의 글자 덩어리를 보면 읽고자 하는 의욕을 잃는다. 이메일 등에서는 세 줄을 기준으로 삼아, 다음 줄로 넘어가기 전에 한 줄씩 띄어 쓰면 훨씬 가독성이 높은 글이 된다.

행간, 줄 바꿈, 단락 구분으로 여백을 만든다. 이 세 가지는 글의 가독성을 단번에 높이는 최고의 방법이다. 꼭 시도해 보길 바란다.

하지만 그렇다고 해서 무작정 줄 바꿈이나 단락 구분을 남발하면 오히려 간격이 지나치게 벌어져 가독성이 떨어질 수 있다. 위에서 제시한 기준을 참고해서 시도와 수정을 반복하며 가독성이 높은 글의 균형을 찾아야 한다.

불필요한 강조와 장식을 하지 않는다

글을 쓸 때 특정 부분이 매우 중요하다고 생각해 강조하고 싶다고 가정하자. 그럴 때는 어떤 방식으로 강조하면 좋을까?

문장을 강조할 때는 예를 들어 다음과 같은 방법을 생각해 볼 수 있다.

굵게 표시하기

크기 키우기

글씨체 바꾸기

<u>밑줄 긋기</u>

색 바꾸기

<mark>배경색 넣기</mark>

과도한 강조나 장식은 글쓰기가 서툰 사람일수록 흔히 저지르는 실수다. 특히 파워포인트로 슬라이드를 만들 때 자주 발생한다. 여러 가지 색을 사용하거나 글자 크기가 제각각이라 정작 중요한 내용이 전혀 머릿속에 들어오지 않은 경험이 있을 것이다. 최근에는 많이 줄었지만, 파워포인트의 애니메이션 효과 역시 많이 사용할수록 전달하고자 하는 내용이 흐릿해진다.

이러한 과도한 장식은 책에서도 종종 볼 수 있다. 중요한 부분을 강조하기 위해 앞서 언급한 장식을 여러 개 조합하여 사용하는 경우다.

예를 들어, **이런식**이다.

보다시피 장식이 과도해질수록 외형이 어그러지고 가독성도 낮아진다.

이 책에서는 강조할 부분에 배경색을 넣는 방식으로 통일했다. 이것이 가장 가독성이 높은 강조 방법이라고 판단했기 때문이다. 강조할 때는 규칙을 명확히 정하고, 그 규칙을 일관되게 적용하는 것이 중요하다.

단순한 강조의 힘

나는 약 2년 전부터 일본의 'note'라는 블로그 서비스를 통해 정기적으로 글을 쓰고 있다. 글을 쓰는 것뿐만 아니라 독자로서 다른 사람들의 글도 자주 읽고 있는데, 그 과정에서 느낀 것은 note의 압도적으로 뛰어난 가독성이다.

나는 예전부터 인터넷에 글을 쓰는 것을 좋아해서 여러 블로그와 웹 서비스를 사용해 왔다. 그중에서도 note에서는 이전에 경험해 본 적 없을 만큼 쾌적하게 글을 읽을 수 있었다. 그 이유 중 하나가 바로 단순한 강조라고 생각한다.

다른 블로그 서비스는 글자 크기를 바꾸거나 색상을 변경하는 등 다양한 장식 기능을 지원한다. 그러나 note는 기본적으로 굵게 표시하는 것 외에 글을 꾸밀 방법이 없다. 글자 크기도 색상도 바꿀 수 없다. 이렇게 플랫폼 측에서 규칙을 만들어 강조 스타일을 통제함으로써 누구나 가독성이 높은 글을 쓸 수 있는 구조를 만들어 낸 것이다.

이 책의 가독성을 고민할 때 지금까지 note에서 글을 써 온 경험이 매우 큰 도움이 됐다. note는 사용자 수가 꾸준히 증가하고 있는데, 이러한 높은 가독성을 추구한 세심한 노력이 많은 사람에게 사랑받는 서비스가 된 이유라고 생각한다.

> 지금은 좋아하는 일이 '글쓰기'라는 사실을 깨닫고 카피라이터라는 직업에서 그 능력을 활용하고 있지만, 처음에는 내가 글쓰기를 좋아한다는 사실을 알지 못했다. 카피라이터로서 몇 년 동안 일한 후, 이대로 카피라이터로 계속 일할지 아니면 관심이 있던 마케팅이나 앞으로 세상이 더욱 필요로 할 데이터 분석이나 프로그래밍 등 다른 직종으로 이직할지 고민하던 시기가 있었다.
> 그런 시기에 커리어에 관한 책을 여러 권 읽고 도달한 결론은 '내가 업으로 삼을 만한 좋아하는 일'이란 **'누가 부탁하지 않아도 알아서 하는 일'**이어야 한다는 것이었다.

note의 강조 예시(저자의 note에서 발췌)

② 목록 정리

짧으면서도 아름다운 글을 단번에 쓸 수 있는 최강의 방법이 있다. 그것이 바로 목록 정리다.

약 15년 전, 내가 아직 카피라이터 초년생이었을 때, 간장 제조사의 팸플릿 카피를 맡았다. 광고 카피는 몇 번 써 본 적이 있었지만, 팸플릿 카피 작성은 처음이었다. 나는 광고 카피처럼 감성적인 문구를 몇 줄 써서 크리에이티브 디렉터에게 보여 줬다.

그러자 크리에이티브 디렉터가 이렇게 말했다.

> "팸플릿 카피는 상품의 매력을 단번에 이해할 수 있도록 써야 해. 목록으로 정리해 봐."

그것이 목록 정리와의 첫 만남이었다.

상품 팸플릿처럼 직접적으로 판매를 목적으로 하는 매체는 카피를 길게 써 봤자 제대로 읽는 사람이 없다. 그보다 팸플릿을 손에 든 사람이 한눈에 그 상품의 매력을 이해할 수 있어야 한다. 그때 필요한 것이 바로 목록 정리라는 독자 중심의 글쓰기 기술이다.

구체적으로 다음과 같은 문장이 있다고 가정하자.

우리 매장은 고객님께 저렴한 가격으로 상품을 제공합니다. 주문한 상품은 당일 발송됩니다. 배송비는 무료입니다.

이 문장을 목록으로 정리하면 이렇게 된다.

우리 매장의 장점
· 저렴한 가격
· 당일 발송
· 무료 배송

어떤가? 이해 속도가 훨씬 빨라지지 않았나?

앞서 말했듯이 불필요한 글자를 삭제할 수 있으니 전체 글자 수가 줄어든다. 게다가 줄 바꿈을 적절히 활용해서 시각적인 가독성이 올라가 아름다운 문장이라는 조건도 충족된다.

실제로 나는 이 목록 정리를 활용해 광고 테스트를 진행한 경험이 있다. 서비스를 홍보하는 여러 게시물을 작성해서 테스트를 진행한 결과, 목록 정리 방법으로 작성한 게시물이 가장 효율적으로 팔로워를 확보할 수 있었다.

당시 실제로 작성한 게시물은 다음과 같다.

후불 페이디 ✓
@PaidyJP   ···

더 똑똑하게, 계획적으로 온라인 쇼핑을 즐기고 싶다

그런 당신에게…

\ 후불 페이디 /

☑️ 메일 주소와 휴대전화 번호만 있으면 쇼핑 후 결제는 다음 달에 후불로 OK

☑️ 후불 3회까지 분할 납부 수수료 무료

☑️ Visa 온라인 가맹점이라면 어디서든 사용 가능

* 계좌 입금, 은행 입금만 무료

페이디 공식 계정을 바로 팔로우해 주세요 👇

체크박스를 사용해 서비스의 특징을 세 가지로 전달했는데, 이 방식이 효과적으로 작동한 듯하다.

참고로 목록의 개수는 앞서 말했듯이 세 개가 가장 이상적이다. 나 역시 평소 업무에서는 서비스의 특징 등을 가능한 한 세 개로 제한한다. 그런데도 꼭 하나만 더 추가해 달라는 요청이 있으면 네 개로 늘리기도 한다. 최대치는 네 개라고 생각한다.

또 목록 정리를 응용하면 회의 일정 등의 이메일도 매우 깔끔하게 전달할 수 있다. 예를 들어 문장으로 전달하면 다음과 같다.

다음 회의는 4월 10일 13시에 개최되며, 장소는 5층 제4회의실입니다. 참석자는 부장님, 이다미 과장, 신민욱 대리, 김미아 사원까지 총 네 명입니다.

이것을 아래와 같이 목록으로 정리한다.

다음 회의 일정은 아래와 같습니다.

날짜: 4월 10일

시간: 오후 1시

장소: 5층 제4회의실

참석자: 부장님, 이다미 과장, 신민욱 대리, 김미아 사원

이처럼 정보를 정리하여 작성하면, 읽는 사람이 내용을 단번에 이해할 수 있다. 이런 테크닉은 바로 오늘부터 활용이 가능하며, 이메일, 보고서, 기획서의 가독성을 극적으로 개선할 수 있다. 꼭 시도해 보길 바란다.

다음 문장을 목록으로 정리해 보자.

문제

아이스크림 사업의 실적이 호조를 보인 요인으로는 폭염으로 인해 수요가
증가한 점, 신제품 판매량이 예상치를 초과한 점, 그리고 유명인을 기용한
프로모션이 성공한 점을 들 수 있습니다.

답안 예시

아이스크림 사업 실적 호조의 요인

· 폭염으로 인한 수요 확대

· 예상치를 초과한 신제품 판매량

· 유명인을 기용한 프로모션 성공

 목록 정리 기법은 체언 종지를 잘 활용하면 더 깔끔하고 정돈된 인상을
줄 수 있다.

③ 중요한 내용 먼저

'인간은 글을 읽지 않는다.'라는 전제를 바탕으로 한다면 '짧게 쓰기'와 더불어 매우 중요한 것이 또 하나 있다. 그것은 바로 '중요한 것 먼저 쓰기'다. 독자는 글을 끝까지 읽어 주지 않기 때문에 중요한 내용이 뒤에 있으면 그 부분에 도달하기도 전에 읽기를 멈춰 버린다.

당연히, 이 책도 중요한 내용부터 순서대로 쓰고 있다. 즉, 이 책에서 내가 가장 전하고 싶었던 것은 제1장에서 다룬 내용이다. 이 전제가 독자 중심적인 글을 쓸 때 가장 중요한 요소라고 생각한다.

'F'의 형태로 화면을 본다

'독자는 글의 도입부만 읽는다.'라는 사실을 보여 주는 이런 데이터가 있다.

이것은 구글이 〈제품을 돋보이게 하는 단어How Words Can Make Your Product Stand Out8〉라는 세미나에서 공개한 '아이트래킹' 데이터다. 독자의 시선을 시각화한 것으로, 색이 진해진 부분이 독자가 실제로 본 부분이다.

---

8 https://www.youtube.com/watch?v=DlGfwUt53nl

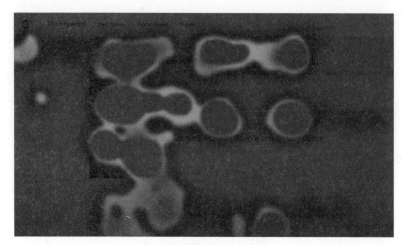

출처: 구글 〈제품을 돋보이게 하는 단어〉[6]

　보다시피 'F' 모양을 이루며 가로쓰기 문장의 시작 부분, 즉 왼쪽에 시선이 집중된다는 사실을 알 수 있다. 이는 'F 패턴'이라고 불리며, 사람이 화면에서 글자를 읽을 때의 특징으로 널리 알려져 있다.

　또 볼드체로 강조된 제목 부분은 읽지만, 그 아래 문장 부분은 색이 바뀌지 않았다는 점에서 독자가 전혀 읽지 않았다는 사실을 알 수 있다. 이러한 인간의 시선을 고려할 때, 가로쓰기의 경우 가장 중요한 내용은 반드시 화면의 왼쪽에서 전달해야 한다는 결론을 얻을 수 있다.

표시되는 글자 수와의 싸움

　내 주요 업무는 이메일, 푸시 알림, 앱 메시지 등 디지털 문구를 작성하는 것이다. 내가 의뢰인에게 가장 자주 던지는 질문은 "글자 수는 몇 자로 제한

되나요?"라는 것이다.

"디지털에서는 글자 수에 제한이 없다."라고 했지만, 한 번에 표시되는 글자 수에는 분명한 제한이 있다. 이 글자 수 제한은 카피 작성 시 매우 중요하며, 카피를 쓰기 전에 반드시 확인해야 한다.

예를 들어, 이런 경우를 생각해 보자. 당신은 패션 브랜드의 온라인 판매 사이트 담당자다. 온라인 판매 사이트 이용률을 높이기 위해 처음으로 공식 온라인 숍에서 상품을 구매한 고객에게 '5,000원 할인 쿠폰'을 증정하는 캠페인을 진행하기로 했다. 당신은 이 캠페인을 이메일로 알리고자 하며, 이메일 제목을 다음과 같이 작성했다.

공식 온라인 숍에서 처음 구매하신 고객님께 5,000원 할인 쿠폰을 드립니다.

언뜻 보기에는 캠페인 내용이 잘 전달된 것처럼 보인다. 그러나 여기에는 함정이 있다. 이메일 제목이 표시되는 글자 수에는 제한이 있다. 예를 들어 내가 사용하는 아이폰의 지메일^{Gmail} 앱에서는 메일함에서 표시되는 제목의 글자 수가 약 20자 정도다.

즉, 제목이 이렇게 보인다.

> 공식 온라인 숍에서 처음 구매하신 고

문제가 무엇인지 눈치챘는가? 그렇다. 이 이메일에서 가장 중요한 요소인 '5,000원 할인 쿠폰'이 표시되지 않는다. 이렇게 되면 독자는 이메일 제목을 보고도 메일을 열어 볼 생각을 하지 않는다.

이메일 확인 여부는 '오픈율'이라는 데이터로 검증한다. 나는 매일 이 오픈율 데이터를 분석하며 이메일 제목을 고민하는데, 독자가 가치를 느낄 수 있는 키워드의 제목 표시 여부에 따라 오픈율이 크게 달라진다.

만일 내가 이 메일의 제목을 작성한다면 이렇게 할 것이다.

> 【5,000원 할인 쿠폰】공식 온라인 숍에서 처음 구매하신 고객님께 특별 쿠
> 폰 증정 중

가장 매력적인 정보인 【5,000원 할인 쿠폰】을 제목의 가장 앞에 배치한다. 그러면 이메일 제목이 메일함에서 이렇게 표시된다.

> 【5,000원 할인 쿠폰】공식 온라인

이렇게 하면 '쿠폰을 받고 싶다.'라고 생각한 독자가 이메일을 열어 내용

을 확인한다. 이처럼 표시되는 글자 수에 제한이 있기 때문에, 중요한 정보는 반드시 앞부분에 배치해야 한다.

사실 이러한 노력은 모든 기업에서 이루어지고 있다. 지금 바로 당신의 스마트폰 이메일 앱을 확인해 보길 바란다. 기업에서 보내온 수많은 이메일 뉴스레터를 잘 살펴보면, 【1만 원 캐시백】, 【최대 50% 할인】, 【포인트 3배】 처럼 【 】안에 가장 전하고 싶은 정보를 넣은 이메일을 쉽게 발견할 수 있을 것이다. 이처럼 일상적으로 우리가 접하는 사례들 속에서도 독자 중심적인 글쓰기 기술을 배울 수 있다.

연습 문제 ⑦

다음 메일의 제목을 수정해 오픈율이 더 높아지게 하자.

문제

① FW 아이템 최종 세일 진행 중! 최대 80% 할인!

② 오픈 5주년 기념 캠페인 한정 굿즈 증정

③ 최신 기기 도입으로 매출이 2배 증가한 고객 사례

답안 예시

① 【최대 80% 할인】 가을·겨울 아이템 최종 세일 진행 중!

② 【한정 굿즈 증정】 오픈 5주년 기념 캠페인

③ 【매출 2배】 최신 기기 도입으로 매출 상승한 고객 사례

 해설
【 】안에 가장 호소력이 강한 키워드를 넣기만 해도 오픈율은 급격히 상승한다.

내가 블로그에 인사와 자기소개를 안 하는 이유

여기까지 설명했듯이 글의 도입부는 정말 중요하다. 독자는 글의 도입부를 읽고 그 글을 계속 읽을지 결정한다. 이는 note와 같은 블로그에서도 마찬가지다.

내가 블로그를 쓸 때 정해 놓은 규칙 중 하나는 '도입부에 인사나 자기소개를 하지 않는다.'라는 것이다. 블로그 글을 읽을 때 다음과 같은 도입부를 본 적이 있을 것이다.

안녕하세요! 주식회사 Paidy의 미야자키 나오토입니다!

나는 블로그를 쓸 때 이런 인사나 자기소개를 하지 않는다. 글의 도입부는 정말 중요하기 때문에 더 중요한 내용을 전달해야 한다.

기본적으로 '독자는 나에게 전혀 관심이 없고, 내 글도 읽고 싶어 하지 않는다.'라는 전제를 가지고 글을 쓴다. 대부분의 독자는 관심 없는 사람의 인사를 받아도 딱히 기쁘지 않고, 자기소개를 봐도 읽지 않고 그냥 넘겨 버릴 것이다.

실제로 내가 블로그에 쓴 어느 글은 이러하다.

먼저 이걸 보면 알 수 있듯이 표시되는 글자 수가 압도적으로 적다. 한 줄에 약 20자, 세 줄로 60자 정도만 표시된다. 독자는 이 60자를 보고 화면을 터치해서 글을 읽을지 결정한다. 여기서 클릭을 받지 못하면, 당신의 글은 이 세상에 존재하지 않는 것과 다름없다. 그런 중요한 부분에 "안녕하세요! 주식회사 페이디의 미야자키 나오토입니다!" 같은 말을 넣으면 인사와 자기소개만으로 거의 모든 글자 수를 소모하게 된다.

나는 인사나 자기소개보다 '라쿠텐', '스타트업', 'UX 라이팅', '제품 개발' 등 내용과 관련이 있고 호소력이 강한 키워드를 도입부에 넣는다. 이렇게 함으로써 더 읽고 싶어지는 글의 도입부를 구성한다.

이처럼 독자가 글에 접촉할 때 몇 글자까지 표시되는지를 알고, 그 안에서 가장 호소력 높은 내용을 전달하는 것이 매우 중요하다.

'갑작스럽지만'은 사용 금지

이처럼 중요한 글의 도입부에서 절대 해서는 안 되는 금기가 있다. 그것은 '갑작스럽지만'이라는 말로 글을 시작하는 것이다.

블로그 등을 읽다 보면 '갑작스럽지만'으로 시작하는 글을 종종 볼 수 있다. 예를 들어 "갑작스럽지만, 당신은 글쓰기에 자신이 있나요?" 같은 문장이다. '갑작스럽지만'이라는 표현은 매우 편리해서, 글의 도입부에서 갑작스럽게 본론으로 들어갈 수 있게 해 준다. 나 역시 가끔 '갑작스럽지만'으로 글을 시작하고 싶어질 때가 있지만, 이것은 사고를 정지시키는 표현 중 하나라고 생각한다. 매우 중요한 글의 도입부에서 깊이 고민하지 않고 글을 쓰기 시작한 증거라고 할 수 있다.

글의 도입부에서는 '독자가 얼마나 자연스럽게 글의 내용에 몰입할 수 있는가?'로 승부가 갈린다. 그런 중요한 위치에서 '갑작스럽지만'으로 글을 시작하면 독자가 읽기 시작할 때의 감정과 사고를 한 번 초기화하고 끊어 버리는 느낌을 준다.

그래서 내가 자주 사용하는 방법 중 한 가지는 유명한 말이나 문장, 좋아하는 노래 가사의 인용이다. 전하고 싶은 메시지에 맞는 인용문을 도입부에 배치하면 강력한 말로 독자를 끌어들일 수 있다. 이를 위해 평소에 좋아하는 글이나 훌륭한 문장을 기록해 두는 습관을 기르는 것이 중요하다.

모닝구 무스메의 노래 가사를 도입부에 인용한 내 note[9]

글의 도입부를 다시 점검하고 충분히 고민하며 생각을 담아 작성하면 독자는 분명 '이 글을 한번 읽어 보고 싶다.'라고 생각할 것이다. '갑작스럽지만'으로 글을 시작하고 싶어질 때는 한 번 멈춰 서서, 독자를 끌어들일 수 있는 더 좋은 표현을 찾아보길 바란다.

---

9 2020년에 작성한 내 note의 일부분

④ 리듬은 생명

지금, 이 글을 읽고 있는 당신의 머릿속에서는 이 글이 어떻게 처리되고 있을까? 아마도 누군가의 목소리(필자인 나의 목소리와 비슷한 것)로 재현되고 있을 가능성이 높다. 사람은 글을 읽을 때 소리 내어 읽지 않아도 머릿속에서 누군가의 목소리로 글을 읽는 상태라고 한다.

뉴스 사이트 〈기가진GIGAZINE〉의 《책을 읽을 때 머릿속에서 "목소리"가 들리는 사람과 들리지 않는 사람이 있다는 사실이 밝혀졌다[10]》라는 기사에 따르면, 책과 같은 글을 읽을 때 소리 내어 읽지 않더라도 머릿속에서 글을 읽어 주는 '목소리'가 들린다고 응답한 사람이 80% 이상을 차지했다고 한다. 즉, 묵독할 때도 음독을 듣는 상태와 매우 유사하다고 할 수 있다.

여기서 중요한 것이 바로 문장의 리듬이다. 사람은 문장을 소리로 인식하기 때문에, **문장의 리듬이 나쁘면 '쉽게 읽히지 않는다.'라고 느낀다.**

나는 세 살 때부터 야마하의 전자 오르간인 일렉톤을 배우기 시작했고, 학생 시절에는 기타리스트로 밴드 활동도 했다. 그 경험과 내 글이 잘 읽힌다는 평가는 무관하지 않다고 생각한다. 글쓰기란 음악과 비슷해서 리듬이 중요하다는 사실을 실감하기 때문이다. 어느 유명한 카피라이터는 "카피를 잘 쓰는 사람은 노래방에서도 노래를 잘 부른다."라고 말했다.

---

10 https://gigazine.net/news/20160225-read-voice-in-head

이 역시 카피라이팅에서 리듬의 중요성을 보여 주는 사례일 것이다.

TV 광고 카피의 리듬을 배우자

문장의 리듬을 배울 때 매우 좋은 교재가 바로 TV 광고 카피다. 그 이유는 TV 광고 카피는 내레이션을 전제로 작성되기 때문이다.

예를 들어 다음 카피를 살펴보자.

> 열심히 노력하면, 언젠가는 보답받는다.
> 계속 간직하면, 꿈은 이루어진다.
> 그런 건 환상이다.
> 대부분 노력은 보답받지 못한다.
> 대부분 정의는 승리하지 못한다.
> 대부분 꿈은 이루어지지 않는다.
> 그런 일은 현실에서 흔히 일어난다.
> 그래서, 그게 뭐 어떻다는 건가?
> 출발은 바로 거기서부터다.
> 새로운 일을 하면 반드시 실패한다. 화가 난다.
> 그래서 자는 시간, 먹는 시간을 아껴 가며,
> 몇 번이고 다시 한다.

자,

어제의 나를 뛰어넘어라.

어제의 혼다^{Honda}를 뛰어넘어라.

지지 않겠다.

> 열심히 노력하면, 언젠가는 보답받는다. 계속 간직하면, 꿈은 이루어진다. 그런 건 환상이다. 대부분 노력은 보답받지 못한다. 대부분 정의는 승리하지 못한다. 대부분 꿈은 이루어지지 않는다. 그런 일은 현실에서 흔히 일어난다. 그래서, 그게 뭐 어떻다는 건가? 출발은 바로 거기서부터다. 새로운 일을 하면 반드시 실패한다. 화가 난다. 그래서 자는 시간, 먹는 시간을 아껴 가며, 몇 번이고 다시 한다. 자, 어제의 나를 뛰어넘어라. 어제의 혼다(Honda)를 뛰어넘어라.
>
> # 지지않겠다.
>
> HONDA
> The Power of Dreams

출처: 혼다 기술 연구 공업 주식회사 광고 CD: 이토 코이치 CW: 후지모토 무네유키 AD: 가와이 타케루

이것은 내가 가장 좋아하는 카피 중 하나인 혼다의 카피다. 이 카피는 TV 광고에서 내레이션으로도 사용되었다. 직접 소리 내어 읽어 보면 알 수 있듯이 문장이 매우 깔끔하고, 전달하고자 하는 메시지가 가슴 깊이 와닿는 듯한 느낌이 든다. 특히 "대부분, ~않는다."가 반복되는 부분은 마치 음악처럼 아름다운 리듬을 지녔다.

또 TV 광고의 명작 중 하나로 꼽히는 네스카페의 광고에서는 시인 다니카와 슌타로 씨의 〈아침의 릴레이〉를 사용한 사례가 있다.

캄차카의 젊은이가

기린 꿈을 꾸고 있을 때

멕시코의 아가씨는

아침 안개 속에서 버스를 기다리고 있다.

뉴욕의 소녀가

미소 지으며 잠을 뒤척일 때

로마의 소년은

기둥 끝을 물들이는 아침 햇살에 윙크한다.

이 지구에서는

언제나 어딘가에서 아침이 시작되고 있다.

우리는 아침을 릴레이하는 것이다.

경도에서 경도로

말하자면 교대로 지구를 지킨다.

자기 전에 잠깐 귀를 기울여 보면

어딘가 먼 곳에서 알람 시계가 울리고 있다.

그것은 당신이 보낸 아침을

누군가가 잘 받았다는 증거인 것이다.

출처: 다니카와 슌타로, 〈아침의 릴레이〉

이 광고 카피 역시 소리 내어 읽어 보면 리듬이 매우 아름답다는 사실을 알 수 있다. 특히 도입부의 '캄차카'라는 단어를 실제로 발음해 보면 그 맛과 깊이가 더해진다.

쓰고 난 후에는 먼저 소리 내어 읽자

실제로 글을 쓸 때, 문장의 리듬을 살리려면 어떻게 해야 할까?

방법은 매우 간단하다. 무조건 소리 내어 읽으면 된다. 나는 업무나 회의 중에도 자리에서 혼자 중얼거리는 경우가 많다. 회의 중에 함께 일하는 사람이 "여기에 이 카피를 넣어도 괜찮을까요?"라고 물어보면 그 자리에서 해당 카피를 한번 소리 내어 읽어 본 뒤에 판단한다. 여러 개의 카피 중 하나를 선택해야 할 경우에는 모두 소리 내어 읽어 보고 가장 자연스럽게 느껴지는 것을 선택한다.

직접 소리 내어 읽어 보면 "여기가 발음하기 조금 어렵네.", "숨을 쉴 여유가 없어서 읽기 힘드네.", "너무 부드럽다." 또는 "너무 딱딱하다." 같은 문장의 세세한 뉘앙스를 알아차릴 수 있다. 그 후에 단어를 줄이거나 추가하고, 쉼표를 넣거나 빼고, 문장 끝을 바꾸고, 줄 바꿈을 조정하며 문장의 리듬을 다듬는다.

필사와 암송으로 단련하는 리듬감

이처럼 "문장에는 리듬감이 중요하다!"라고 하면, '나는 음악을 잘 못하는데···.' 혹은 '나는 리듬감이 없는데···.'라고 생각하는 사람도 있을 것이다. 하지만 걱정하지 않아도 된다. 그런 당신에게 추천하는 방법이 바로 '필사'다.

필사란 카피라이팅 훈련법 중 하나로, 좋아하는 카피나 마음에 드는 카피를 노트에 계속 써 보는 것이다. 직접 손을 움직여 노트에 글자를 써 보면 생리적으로 '기분 좋은 리듬'을 몸으로 익힐 수 있다.

그리고 또 하나는 바로 '암송'이다.

"비에도 지지 않고, 바람에도 지지 않고, 눈에도 여름 더위에도 지지 않는"
"봄은 새벽, 점점 하얘져 가는 산등성이"
"기원 정사의 종소리, 제행무상의 울림이 있구나"

이 명문들은 지금 내가 아무것도 보지 않고 타이핑한 것으로, 억지로 떠올렸다고 하기보다는 '완전히 몸이 기억하는' 상태다. 그리고 이 모든 글이 압도적으로 훌륭한 리듬을 지녔다는 사실을 알 수 있다.

리듬감이 훌륭하기에 몸이 기억하는 것이다. 글쓰기 책에는 종종 "국어

수업에서는 글 쓰는 법을 가르쳐 주지 않는다."라고 쓰여 있는 경우가 있다. 그러나 이러한 명문을 암송한 경험은 지금도 여전히 내가 글을 쓸 때 큰 도움을 주고 있다.

과거 일본 공영 방송 NHK의 프로그램 〈일본어로 놀자〉[11]에는 '오늘의 명문'이라는 코너가 있었다. 매번 앞서 언급한 명문과 같은 글을 한 구절씩 소개했다. 이 코너는 문장의 리듬을 체감할 수 있는 최고의 교재였고, 어린 시절부터 이런 명문을 접하는 것은 글쓰기의 영재 교육이라 할 수 있다. 명문을 베껴 쓰거나 암송함으로써 문장의 리듬감을 몸에 익히는 좋은 방법이다.

쉼표 찍는 방법을 익히자

독자 중심적인 글을 쓰기 위해 반드시 익혀야 할 것 중 하나가 바로 쉼표의 사용법이다. 쉼표를 잘 활용하면 글의 가독성이 비약적으로 향상된다.

예를 들어 나는 지금 이 문장을 쉼표 없이 쓰고 있는데 보다시피 매우 읽기 힘든 문장이 되었을 것이다.

이런 상황을 피하려면 문장에서 적절한 위치에 쉼표를 찍는 것이 중요하다. 쉼표는 문장의 가독성 향상을 위해 매우 중요하지만 찍는 위치에 딱히 정해진 규칙은 없다. 그래서 쉼표 사용은 글쓰기에서 상당히 난도가 높은 작업 중 하나다. 따라서 내가 쉼표를 사용할 때 주의하는 점들을 소개하고

---

11 NHK의 아동 대상 일본어 교육 프로그램 〈일본어로 놀자 (にほんごであそぼ)〉

자 한다.

읽기 쉬운 위치에 넣자

첫 번째는 '외형적으로 잘 읽히도록 쉼표 찍기'다.

〈BEFORE〉

캐시리스로 빠르고 간단하게 결제

사실 이 문장은 쉼표를 두 개만 찍어도 훨씬 가독성이 높아진다. 그 결과
는 다음과 같다.

〈AFTER〉

캐시리스로, 빠르고, 간단하게 결제

BEFORE에서는 쉼표를 두 개 추가함으로써 강조하고 싶은 내용이 단번
에 눈에 들어오게 바뀌었다.

쉼표가 없다면 문장의 의미를 단번에 이해하기 힘든 경우도 있다.

<BEFORE>

그는 울면서 떠나는 그녀를 배웅했다.

문장을 쓴 사람은 '우는 사람'이 '그녀'라고 생각하며 썼다. 그러나 그 사실을 모르는 독자의 관점에서는 누가 울고 있는 것인지 확신하기 어렵다. 이럴 때도 다음과 같이 쉼표를 추가하면 오해의 여지를 없앨 수 있다.

<AFTER>

그는, 울면서 떠나는 그녀를 배웅했다.

쉼표가 들어감으로써 '우는 사람'은 확실히 '그녀'라는 것을 알 수 있게 되었다. 이런 예상치 못한 사고로 인해 독자의 뇌가 혼란스러워지는 상황을 피하기 위해서라도 쉼표를 적절한 위치에 넣는 것은 매우 중요하다.

음독할 때 숨을 쉬는 위치에 넣자

또 하나는 '소리 내어 읽으며 숨을 고르는 위치에 쉼표를 찍기'다. 자신이 쓴 문장을 소리 내어 읽어 보면 숨을 고르기 위해 한 번 멈추는 부분이 있다. 그 위치에 쉼표를 찍으면 된다. 그러면 훨씬 매끄럽게 읽히는 문장이 된다.

예를 들어 앞에 나온 이 문장을 보자.

예를 들어 나는 지금 이 문장을 전혀 쉼표 없이 쓰고 있는데 보다시피 매우 읽기 힘든 문장이 되었을 것이다.

한번 소리 내어 읽으며 숨을 고르는 위치를 확인해 보자. 그리고 그 위치에 쉼표를 찍어 보자. 만약 내가 쉼표를 찍는다면 이렇게 될 것이다.

예를 들어, 나는 지금 이 문장을 전혀 쉼표 없이 쓰고 있는데, 보다시피 매우 읽기 힘든 문장이 되었을 것이다.

어떤가? 읽기 쉬운 문장이 되었는가? 이렇게 쉼표를 찍는 연습을 반복하다 보면 자신만의 규칙이 생기고, 자연스럽게 매끄러운 쉼표 사용이 가능해진다.

다음 문장에 쉼표를 찍어 보자.

문제

① 영어뿐만 아니라 중국어와 일본어도 할 수 있다.

② 글쓰기 실력을 향상하는 지름길은 뭐니 뭐니 해도 많이 쓰는 것이다.

③ 계좌 개설 신청 시 본인 확인 서류의 사본을 제출해 주세요.

답안 예시

① 영어뿐만 아니라, 중국어와 일본어도 할 수 있다.

② 글쓰기 실력을 향상하는 지름길은, 뭐니 뭐니 해도 많이 쓰는 것이다.

③ 계좌 개설 신청 시, 본인 확인 서류의 사본을 제출해 주세요.

해설 쓴 글을 읽어 보며 쉼표를 찍으면, 읽기 쉽고 리듬감 있는 문장이 된다.

⑤ 외래어 자제

먼저 아래 문장을 읽어 보길 바란다.

> "페이즈가 바뀌었으니까, 드래스틱하게 어젠다를 바꿔야 하지 않겠어? 아니, 아니. 이슈를 명확히 해야지, 이슈를. 리모트로 MTG 진행해 줘. 그래, 잘 부탁해~!"

이것은 드라마 〈고독한 미식가〉에 등장한 한 애플리케이션 개발 회사 CEO의 대사다. 주인공도 속으로 '맞아, 요즘 이런 사람 있지.'라고 생각하며 질렸다는 표정을 짓는다. 아마 당신도 위의 대사를 보고 '맞아. 이런 사람이 있지.'라고 생각했을 것이다.

내가 예전에 일했던 광고 업계나 현재 근무하는 글로벌 IT 기업에서는 이런 외래어나 약어, 어려운 마케팅 용어를 자주 사용한다. 하지만, 이런 말을 써도 되는 상황은 상대방이 그 의미를 이해하고 있는 경우로 한정된다. 독자 중심적인 글쓰기에서는 절대 이런 말을 사용해서는 안 된다.

'어려운 용어를 사용하지 않는 것이 좋다.'라는 주장은 몇 가지 과학적 근거에 기반한다. 예를 들어, 행동경제학자 대니얼 카너먼은 저서 《생각에 관한 생각》에서 "신뢰할 수 있는 지적인 사람으로 보이고 싶다면, 간단한 단어로도 전달이 충분할 때 복잡한 단어를 사용해서는 안 된다."라고 말했다.

이 주장의 근거는 프린스턴 대학의 다니엘 오펜하이머[Daniel Oppenheimer]가 작성한 논문 〈필요성과 무관한 현학적인 전문 용어의 사용, 즉 불필요하게 길고 복잡한 단어를 사용하는 것의 폐해〉에서 찾을 수 있다. 사실 논문 제목 자체가 모든 내용을 대변하고 있지만, 오펜하이머는 이 논문에서 "평범한 단어를 불필요하게 현학적인 단어로 표현하면 지적 능력이 오히려 부족해 보이고 신뢰성이 낮게 여겨진다."라는 사실을 입증했다.

또 독일 철학자 아르투어 쇼펜하우어도 저서 《문장론》에 수록된 〈노력의 결과와 문체〉에서 비슷한 주장을 하고 있다. 그는 문필가들이 "평범한 개념을 고상한 단어로 감싸고, 지극히 평범한 사상을 과장되게 꾸며 낸 기이한 표현으로 포장하려 애쓴다."라고 지적하며, 그러한 사람들에 대해 "뇌 속 내용물이 부족하면 이런 겉옷을 입고 싶어 한다."라는 신랄한 비판을 보냈다.

그렇다면 이런 글을 쓰지 않으려면 어떻게 해야 할까? 그 해답이 이 책의 도입부에서 인용한 다음 말에 담겨 있다.

"평범한 말로 비범한 것을 말하라."
_ 아르투어 쇼펜하우어, 《문장론》

이것은 내가 글을 쓸 때 가장 중요하게 여기는 말이다. 중요한 것은 비범함, 즉 '남과 무엇이 다른가?', '무엇이 뛰어난가?'라는 점이며, 그것을 전달할 때는 누구나 이해할 수 있는 쉽고 명확한 표현을 써야 한다.

참고로, 앞서 나온 대사를 더 쉬운 말로 바꾼다면 이렇게 표현할 수 있을 것이다.

> "단계가 바뀌었으니, 극적으로 계획을 변경해야지. 아니야, 아니야. 과제를 명확히 해야 한다고, 과제를. 원격으로 회의 진행해 줘. 그래, 잘 부탁해~!"

어떤가? 이렇게 하면 누구에게나 충분히 전달될 것이다.

다음 문장을 누구나 이해할 수 있는 표현으로 바꿔 보자.

문제

① 도큐먼트를 업데이트해서 셰어해 주세요.

② 오늘 어젠다는 프로덕트 론칭에 맞춘 마케팅 스트래티지 플래닝입니다.

③ 로지스틱스의 리소스가 부족해서 아웃소싱을 진행했습니다.

답안 예시

① 자료를 갱신해서 공유해 주세요.

② 오늘의 의제는 제품 출시에 맞춘 마케팅 전략 수립입니다.

③ 물류 인력이 부족해서 외부에 위탁했습니다.

해설 외래어를 사용하지 않는 것이 반드시 옳다고 할 수는 없다. 독자에게 가장 쉽게 전달될 수 있는 표현을 사용하는 것이 중요하다.

⑥ 하루 묵힌 후 업데이트

지금까지 소개한 규칙들을 지키며 마침내 글을 완성한 당신. 이 순간, 절대로 해서는 안 되는 일이 뭘까? 바로 '완성했다.'라고 생각하는 것이다. 의뢰받은 글을 다 썼다고 해서 곧바로 의뢰인에게 보내면 안 된다. 블로그 글을 작성한 후에 바로 업로드해서도 안 된다. 글을 다 썼다면 '일단 묵혀라'.

한밤중에 쓰고 나서 '정말 좋은 글을 썼다!'라고 생각한 글을 다음 날 아침에 읽어 보고 '이건 대체 뭐지…?'라고 절망해 본 경험이 있는가? 나는 정말 수도 없이 많다. 심지어 밤에 좋아하는 사람에게 쓴 편지를 아침에 다시 읽고 얼굴이 화끈거린 적도 있다.

글을 완성한 순간은 만족감과 고양감에 휩싸여 있다. 그 상태에서는 도저히 자신의 글을 냉정한 시각으로 돌아볼 수 없다.

글을 '묵히는' 가장 큰 이유는 자신의 글을 객관적으로 보기 위해서다. 사람이 자신의 글을 객관적으로 보기는 정말 어렵다. 나 역시 정말 어렵다. 남이 쓴 글은 여기저기 지적할 수 있지만, 막상 내 글을 돌아보면 '엉망이네'라고 생각하는 일이 비일비재하다. 이 위험을 피할 수 있는 유일한 방법이 바로 '묵혀 두기'다.

자신이 쓴 글을 일정 시간 후에 다시 읽어 보면 작성 당시에는 전혀 알아차리지 못했던 개선점들이 여러 개 눈에 띈다. 당신이 글에 몰입하면 몰입

할수록 시야가 좁아지고, 전체적인 구조를 보지 못하게 된다. 시간을 두고 거리를 두면, 보이지 않았던 부분들을 객관적으로 평가할 수 있게 된다. 그때, 불필요한 글자를 줄이고, 더 이해하기 쉬운 단어로 바꾸며 문장의 리듬을 다듬어야 한다.

글을 다 썼다면, 우선 한번 묵혀 보라. 그것만으로도 내가 쓴 글이 완전히 다르게 보일 것이다. 꼭 이 방법을 실천해 보길 바란다.

제4장

단순함의 미학

모든 길은 단순함으로 통한다

제2장과 제3장에서는 독자 중심적인 글을 쓰기 위한 구체적인 방법들을 다뤘다. 사실, 그 대부분은 하나의 목적을 달성하기 위한 기술이다. 바로 문장을 단순화하는 것이다. 짧게 쓰기, 보기 좋은 외형 만들기, 목록 정리하기, 어려운 단어를 쓰지 않기. 이 모든 것은 글을 단순하고 명확하게 만들기 위한 수단이다.

우아함을 더하는 방법

> "단순함이야말로 진정한 우아함의 열쇠다."
>
> _가브리엘 코코 샤넬

패션 브랜드 샤넬의 창립자 코코 샤넬. 그녀가 브랜드의 가치를 위해 중요하게 여겼던 것 중 하나가 바로 단순함이었다.

1926년, 코코 샤넬이 발표한 '리틀 블랙 드레스'는 패션의 상식을 뒤엎은 혁신적인 드레스였다. 당시 여성들은 검은색을 애도의 의미를 담은 상복 등으로만 입을 수 있었고, 일상생활에서는 금기로 여겨졌기 때문이다. '리틀 블랙 드레스'는 의상의 색을 극도로 단순화한 결과물이었다. 코코 샤넬은 "항상 빼기를 하라. 불필요한 것은 더하지 말아라."라는 말을 남기기도 했다.[12] 글쓰기도 마찬가지로, 항상 빼기가 요구된다.

가브리엘 코코 샤넬

빼기의 문화

"단순함은 복잡함보다 더 어렵다. 무언가를 단순하게 만들기 위해서는 열심히 노력해서 사고를 명료하게 해야 하기 때문이다. 그러나 그만큼의 가치가 있다. 단순함에 도달하면 산도 움직일 수 있다."

_ 스티브 잡스

---

12 〈스타일은 영원하다: 가브리엘〉 가브리엘 샤넬이 만들어낸 여섯 가지 패션 전설
https://www.elle.com/jp/fashion/trends/g131891/fpi-gabrielle-chanel-fashionicon-6-170818-hns

우리가 살고 있는 현대 사회에서 단순함을 추구한 가장 대표적인 사례가 바로 애플의 제품이다. 우리의 삶을 완전히 변화시킨 아이폰을 보면 이를 단번에 알 수 있다. 불필요한 부품과 울퉁불퉁한 요소를 극도로 덜어 낸 미니멀한 디자인. 기존 피처폰에 딸려 오던 사전처럼 두꺼운 설명서가 필요 없어질 만큼 철저히 단순화된 조작성. 우리가 단순함에 얼마나 큰 가치를 느끼는지 이를 통해 잘 알 수 있다. 내가 제품 개발에 관여하고 있는 페이디에서도 이와 마찬가지로 '빼기 문화'를 매우 중요하게 여기며, 가능한 한 단순하고, 누구나 사용하기 쉬운 서비스를 목표로 하고 있다.

아이맥의 이름을 지은 사람이자 애플에서 마케팅을 담당했던 켄 시걸[Ken Segall]은 저서 《미친 듯이 심플》을 통해 스티브 잡스가 얼마나 단순함을 추구했는지를 한 권의 책으로 정리했다. 그 책의 서두에 소개된 것이 바로 '단순함의 지팡이'라는 표현이다.

패키지 디자인 팀이 아이디어를 본질까지 응축하지 못한 점을 스티브 잡스가 지적하자 이를 두고 "단순함의 지팡이에 얻어맞았다."라고 표현한 일화가 등장한다. 이러한 표현이 탄생할 만큼 애플에서는 단순함이 본질적인 가치였다.

당연히, 애플이 전달하는 모든 메시지 역시 단순하고 압도적으로 세련됐다. 불필요한 단어를 철저히 제거한 결과다. 말 그대로 단순한 문장의 교본이라 할 수 있다.

iMac

안녕하세요. 새로운 iMac입니다.
Apple이 낳은 최고의 올인원 데스크탑이
M1 칩으로 새롭게 거듭납니다. 어떤 장소든
밝게 만드는 디자인. 모두의 일상에 다채롭게
함께하는 데스크탑입니다.

출처: 애플 웹 사이트[13]

스티브 잡스는 "무엇을 하지 않을지 결정하는 것은 무엇을 할지 결정하는 것만큼 중요하다.[14]"라고 말했다. 글을 쓸 때도 무엇을 쓰지 않을지 결정하는 것은 무엇을 쓸지 결정하는 것만큼 중요하다.

---

13 https://www.apple.com/jp/imac-24
14 월터 아이작슨, 《스티브 잡스》

본질적인 가치를 찾다

> "진정한 사상가는 모두 자신의 사상을 가능한 한 순수하고, 명쾌하고, 간결하고, 확실하게 표현하기 위해 노력한다. 따라서 단순함은 어느 시대나 진리의 특징일 뿐만 아니라, 천재의 특징이기도 했다."
>
> _ 아르투어 쇼펜하우어, 《문장론》

내가 글을 쓸 때 교본으로 삼는 것 중 하나는 독일 철학자 쇼펜하우어가 쓴 〈노력의 결과와 문체〉(《문장론》에 수록)이다. 이 책에서도 단순함의 중요성이 언급된다.

〈노력의 결과와 문체〉는 1851년에 쓰였다. 지금으로부터 약 170년 전이다. 170년이라는 긴 시간 동안 사람들이 읽었다는 것은, 그만큼 본질적인 내용이 담겨 있다는 증거다.

쇼펜하우어는 《문장론》에서 "매일같이 쏟아지는 평범한 사람들의 졸작을 읽지 말고 옛사람들이 남긴 양서를 읽어라."라고 말했다. 그리고 나에게는 그것이 바로 이 책이다.

또한, 쇼펜하우어는 아리스토텔레스의 다음과 같은 말을 인용하고 있다.

> "철학에서도, 멀리 떨어진 것들 사이에서 동질성을 발견할 수 있는 것은 날카로운 통찰력의 증거다."

나는 이 말을 매우 좋아하는데, 멀리 떨어진 것들 사이에서 동질성을 발견할 수 있다면, 그것이야말로 이 세계의 본질이라고 생각한다. 그리고 그 본질이 바로 '단순함'이다.

패션에 혁명을 일으킨 코코 샤넬, 기술로 세상을 바꾼 스티브 잡스, 그리고 철학자로서 170년 동안 많은 이가 읽어 온 저서를 남긴 아르투어 쇼펜하우어. 완전히 다른 분야에서 역사에 이름을 남긴 이들이 모두 '단순함'을 고집한 이유는, 그만큼 단순함이 인간에게 본질적인 가치를 지니기 때문이라고 생각한다.

반드시 호감을 느끼는 문장의 특징

그렇다면 독자 중심적인 글을 쓸 때 단순함이 중요한 이유는 무엇일까? 그 이유는 바로 인간의 뇌가 단순하고 이해하기 쉬운 글에 대해 호감을 느끼도록 설계되어 있기 때문이다.

노벨 경제학상을 수상한 행동경제학자 대니얼 카너먼은 저서《생각에 관한 생각》에서 이것을 '인지 용이성'이라는 단어로 정의한다.

인지가 쉬운 글, 즉 짧고, 읽기 쉽고, 발음하기 쉬운 글은 인지가 매끄럽게 이루어지며 그 결과 친근함, 신뢰감, 쾌적함 등 긍정적인 감정을 불러일으킨다.

반대로, 읽기 어려운 문장이나 어려운 용어를 사용한 문장은 인지적 부담을 느끼게 한다. 대니얼 카너먼은 "설득력 있는 글을 쓰려면 인지적 부담을 최대한 줄이는 것이 중요하다."라고 말했다.

또 "문장의 단순화뿐만 아니라, 기억하기 쉽게 만들면 더 효과적이다."라며 다음과 같은 실험을 소개했다.

참가자의 절반에게는 다음과 같은 격언을 읽게 했다.

큰 재난은 적과 아군을 하나로 만든다.

작은 일격도 쌓이면 큰 나무를 쓰러뜨린다.

고백한 잘못은 절반이 고쳐진 것이다.

나머지 절반에게는 이 문장을 보다 일반적인 표현으로 쓴 다음 문장을 읽게 했다.

큰 재난이 닥치면 이전에 싸우던 적과 아군도 힘을 합치게 된다.

작은 일격도 여러 번 가해지면 어떤 큰 나무라도 쓰러뜨릴 수 있다.

스스로 잘못을 인정하면 그 잘못의 절반은 이미 고쳐졌다고 할 수 있다.

그 결과, 격언처럼 단순하게 작성된 전자의 문장이 일반적인 문장보다 '통찰력이 있다고 판단됐다.'라는 결과가 나왔다. 영문을 번역했기 때문에 약간 어색하지만, 긴 문장으로 장황하게 설명하는 것보다 짧고 날카로운 말로 간결하게 표현하는 편이 더 강렬한 인상을 남긴다는 사실을 알 수 있다.

이 사실은 이 책의 제목과 차례 구성에도 강하게 반영됐다. '짧고 굵게 쓰는 법', '최소한의 독자 중심적 글쓰기' 같은 표현들은 마치 각각이 한 권의 책 제목처럼 보일 수 있도록 신중히 고민했다. 이처럼 짧고 외형적으로 보기 좋으며 단순한 문장을 쓰는 것은 인간의 의사결정 메커니즘이라는 관점에서도 매우 중요하다.

맑은 시냇물처럼 아름다운 문장

나는 글이란 기본적으로 감점 방식으로 평가된다고 생각한다. 독자가 아무런 위화감 없이 글을 매끄럽게 읽을 수 있으면 100점이다. 여기서부터 시작해 '길다.', '오탈자가 있다.', '사용된 단어가 적절하지 않다.', '내용을 이해할 수 없다.', '오류가 있다.', '표기가 일관되지 않았다.', '불필요한 감정을 자극한다.' 등의 이유로 점수가 차감된다. 그리고 감점이 일정 수준을 넘어가면, 그 글은 '읽기 힘든 글'이라는 평가를 받는다.

이러한 감점을 조금이라도 줄이기 위해 필요한 것이 바로 지금까지 이 책에서 설명한 기술들이다. 그러한 기술을 제대로 익혀서 작성한 단순한 문장은 비유하자면 '맑은 시냇물'과 같다고 생각한다. 단순한 단어로 짧고 간결하게 쓰이고, 불필요한 요소가 제거된 문장은 마치 맑고 투명한 시냇물의 흐름처럼 막힘없이 술술 읽힌다.

반면, 필요 이상으로 길거나 오탈자가 있으면 그 글에 대한 느낌은 반감되며, 독자에게 스트레스를 주는 글은 흙탕물이나 쓰레기 같은 불순물이 섞인 강과 같다. 보기에도 아름답지 않고, 흐름도 나쁘다. 글을 완성했을 때, '이 글이 맑은 시냇물처럼 막힘없이 흘러가고 있는가?'를 생각해 보면 가독성을 더욱 높이기 위해 개선할 점을 발견할 수 있을지도 모른다.

그러나 여기서 한 가지 주의해야 할 점이 있다. 맑은 시냇물처럼 막힘없이 흘러가는 글은 그만큼 독자가 그냥 지나쳐 버리기 쉬운 글이라는 점이다. 따라서 중요한 내용을 전달할 때는 글의 흐름을 멈추는 기술, 즉 독자의 시선을 확실히 붙잡는 노력이 필요하다. 중요한 부분에서는 독자의 시선을 확실히 붙잡고, 그 외의 부분은 술술 읽히는 글. 바로 이것이 강약이 살아 있는 독자 중심적 글이다.

제 5 장

광고 카피에서 배우는
독자 중심적 글쓰기

독자 중심적 글쓰기는 카피라이팅의 핵심

나는 15년 넘게 카피라이터로 일하고 있으며, 지금의 '독자 중심적 글쓰기'는 실무에서 광고 카피를 작성하며 배운 경험이 바탕이 됐다. 내가 생각하는 독자 중심적인 카피의 포인트는 다음의 세 가지다.

① 독자가 원하는 가치를 언어화한다
② 독자의 화살표가 되자
③ 카피는 즉흥 개그가 아니다

① 독자가 원하는 가치를 언어화한다

내가 카피라이터로서 카피를 배우는 가운데 지금도 내 안에서 살아 있는 가르침은 선전회의 카피라이터 양성 강좌에서 카피라이터 다니야마 마사카즈 선생님께 배운 내용이다. 다니야마 선생님은 내게 "카피란 독자가 원하는 가치를 언어화하는 것이다."라는 가르침을 주셨다.

다니야마 선생님은 저서 《광고 카피는 이렇게 쓴다! 독본》에서 카피 강좌에서 내놓았던 한 과제와 관련된 에피소드를 소개했다.

"청년들이 헌책방을 더 많이 이용하고 싶어지는 카피를 생각해 보세요."

이 과제에 대해 다니야마 선생님은 좋지 않은 카피로 다음과 같은 예시를 들었다.

> · 고집 있어 보이는 아저씨가 있고, 산처럼 쌓인 책에 먼지떨이를 툭툭 두드리고 있다.
> · 세피아 톤의 책이 쌓여 있다.
> · 사람은 별로 없지만, 어딘가 향수가 느껴진다.

이러한 헌책방의 현재 상황을 설명하는 카피는 단지 "헌책방에는 오래된 책이 있습니다."라는 사실을 다른 표현으로 반복하는 것에 불과하다. 이런 카피에는 독자의 관점이 반영되지 않았다.

그렇다면, 좋은 카피란 무엇일까? 다니야마 선생님이 예로 든 좋은 카피는 다음과 같다.

> "목욕할 때 읽을 책이나 잡지는 헌책방에서."

이 카피는 단순히 헌책방과 헌책을 묘사하는 것에 그치지 않고 독자와의 관계성을 강조한다. 독자가 느낄 수 있는 '가치'를 명확히 언어화했다고 할 수 있다. 즉 '독자가 원하는 가치를 언어화하는 것'이야말로 독자 중심적인 카피를 작성하는 데 가장 중요한 요소다.

썩은 토마토 사용법

'독자가 원하는 가치를 언어화하는 것'과 관련해 내가 깊은 영향을 받은 또 하나의 사례를 소개하고자 한다.

이전에 NHK에서 〈과외수업, 어서오세요 선배님〉이라는 교양 프로그램이 방영되었다. 업계 최전선에서 활동하는 전문가들이 초등학생들에게 자기 직업의 매력을 전달하는 프로그램이다. 이 프로그램에 일본을 대표하는 카피라이터 나카하타 타카시가 출연했을 때의 이야기다.

나카하타 씨는 학생들에게 다음과 같은 질문을 던졌다.

"여기 썩은 토마토가 있습니다. 이 토마토를 칭찬해 보세요."

그러자, 한 학생이 이렇게 대답했다.

"벌칙 게임 전용 토마토."

나는 이 대답을 듣고 어린이들의 발상에 충격을 받았다. 당연히 나도 TV를 보며 어렴풋이 생각해 보았지만, 전혀 떠오르지 않았던 답변이었다. 나카하타 씨 역시 이 대답을 듣고 "그대로 카피로 써도 되겠네."라며 극찬했다.

썩은 토마토를 벌칙 게임 전용 토마토로 활용한다. 이 발상은 단순히 썩은 토마토뿐만이 아니라 독자와의 관계성을 철저히 고민하고, 그 가치를 언어로 표현함으로써 탄생한 것이다.

무섭게 생긴 토마토가 인기를 누리는 이유?

최근, 바로 이 '벌칙 게임 전용 토마토' 에피소드를 떠올리게 하는 비즈니스 성공 사례를 접했다.

토마토는 과실의 일부가 검게 색이 변하는 '배꼽 썩음병'이라는 증상이 있다고 한다. 맛에는 전혀 문제가 없지만 외형이 좋지 않아 일반 유통이 되지 않았다.

그런데, 니가타현에서 토마토 농장을 운영하는 소가 농원이 '이렇게 먹을 수 있는 걸 버리는 건 아깝다!'라고 생각해서 독특한 이름으로 이 토마토를 시장에 내놓았다. 그 이름이 바로 '흑화 토마토'다.

출처: 소가 농원 공식 Twitter[15]

---

15 https://twitter.com/pasmal0220/status/1413783394740183040

이 '흑화 토마토'를 트위터에 올리자 해당 트윗은 폭발적으로 확산되었고, 상품은 큰 인기를 끌었다. 무섭게 생긴 토마토에 매력을 느낄 수 있는 이름을 붙여서 새로운 가치를 창출한 것이다.

'목욕할 때 읽는 책'도 '벌칙 게임 전용 토마토'도 '흑화 토마토'도 단순히 상품의 특징을 묘사하는 데 그치지 않는다. 모두 독자의 시선에서 매력을 호소해서 새로운 가치를 창출했다. 카피라이팅에서도 독자 중심적 사고가 매우 중요하다는 사실을 알 수 있다.

② 독자의 화살표가 되자

다니야마 선생님의 가르침 중에서 내 카피의 지침이 된 내용이 또 하나 있다. "카피는 화살표다."라는 말이다.
어느 수업에서 다니야마 선생님이 이런 퀴즈를 냈다.

> "이 교실 안에 카피와 매우 비슷한 것이 있습니다. 그것은 무엇일까요?"

수강생들은 일제히 교실을 둘러보기 시작했다. 나도 두리번거리며 교실을 살펴보다가 어떤 것을 발견하고 '아!' 하고 깨달았다.
바로 이것이다.

그렇다. 비상구 표시다.

비상구 표시와 카피는 왜 비슷할까? 그 이유는, 둘 다 '화살표' 역할을 하기 때문이다. 다니야마 선생님은 카피를 이렇게 정의했다.

"카피는 그저 짧은 문장이 아니라 화살표를 언어로 표현한 것이다."

카피는 명확한 목적을 가지고 독자를 움직여야 한다.

"피팅룸에서 떠오른다면 진짜 사랑이다."라는 루미네^{Lumine}의 명품 카피를 쓴 카피라이터 오가타 마리코 씨도 비슷한 이야기를 했다.[16]

---

16 〈연애는 기적. 사랑은 의지: 카피라이터 오가타 마리코 씨가 들려 주는, 말을 만드는 방법〉
   https://www.huffingtonpost.jp/2015/05/12/ogata-mariko-copywriter1_n_7262576.html

지금 누군가가 "카피라이터란 어떤 직업인가요?"라고 묻는다면 "화살표를 만드는 직업입니다."라는 한마디로 설명할 수 있다.

― 화살표요?

예를 들어, 미네랄워터 'A'라는 신상품이 출시되었다고 가정해 보자. 상품을 모르는 상태에서 '마셔 보고 싶다.'라는 도전 정신을 유도할 것인가, 아니면 '물은 역시 A'처럼 개인의 브랜드로 자리 잡게 할 것인가, 등 카피에는 다양한 목적이 있다. 여기서 목적에 맞는 화살표를 어떻게 만들 것인가. 나아가 사람을 움직이는 말을 제대로 만들었는가. 이것을 고민하고 만드는 것이 바로 광고의 역할이다.

예를 들어 "오늘은 날씨가 맑네."라는 말은 틀리지 않았지만, 이것을 광고 카피로 만든다면 "오늘은 밖에서 점심을 먹기 좋은 날이야."로 바뀐다. "오늘은 맑네. 밖에서 점심 먹으면 기분이 좋겠다."라고 말하면 사람들에게 밖으로 나갈 동기를 부여할 수 있다.

"오늘은 날씨가 맑네."라는 말은 단순히 날씨를 묘사하는 데 그치지만, "밖에서 점심을 먹으면 기분이 좋겠다."라는 표현은 독자가 원하는 가치가 언어화되어 독자를 움직이게 하는 힘을 갖는다. 독자가 원하는 가치를 언어화하고 독자를 움직이는 화살표가 되는 것. 이것이야말로 독자 중심적인 카피라고 믿는다.

③ 카피는 즉흥 개그가 아니다

'카피라이터'라는 직업에 대해 당신은 어떤 이미지를 가지고 있는가? "저는 카피라이터입니다."라고 말하면 사람들은 대체로 '뭔가 있어 보이는 말을 하는 사람'이라는 이미지를 가지는 경우가 많다. '카피라이터의 흔한 경험'으로 자주 듣는 이야기가 술자리에서 "나한테 멋진 캐치프레이즈 좀 만들어 줘."라고 요청받는다거나, 회사 송년회 기획에서 엄청 재미있는 아이디어를 기대하는 것이다. 이건 모든 카피라이터가 공감할 만한 고민거리라고 해도 과언이 아니다.

물론 멋있는 말을 할 일이 전혀 없는 것은 아니지만, 그것은 어디까지나 한 가지 수단에 지나지 않으며 카피 작성의 본질은 아니다. 카피를 쓸 때 중요한 것은 앞서 언급했듯 '독자가 원하는 가치를 언어화하는 것'이다.

카피 작성에 익숙하지 않은 사람들은 "카피를 써 주세요."라는 요청을 받으면 대개 '좋아, 멋지게 한번 써 보자.'라고 생각한다. 카피라이터 고시모 카즈야는 이런 사람들이 쓰는 카피를 저서《이쯤에서 광고 카피의 진실을 이야기하겠습니다》에서 '즉흥 개그 카피'라고 명명했다. 술자리에서 "캐치프레이즈 좀 만들어 봐."라고 요청받는 상황은 그야말로 '즉흥 개그' 그 자체라고 할 수 있다.

'즉흥 개그 카피'를 쓰는 경향이 있는 사람들이 꼭 주의해야 할 점은 글쓴이 스스로 '이거 진짜 괜찮다!'라고 생각한 카피일수록 독자가 별로라고 생각할 확률이 100%에 가깝다는 점이다. 단지 글쓴이만 자기만족을 느낄 뿐인, 철저히 글쓴이 중심적인 사고방식이다.

이 점은 프로 카피라이터에게도 똑같이 적용된다. 나 역시 가끔 '이 카피, 정말 잘 쓴 것 같은데?'라고 생각하지만, 그것이 독자에게 최선인지 평가할 수는 없다. 정답이 무엇인지 누구도 알 수 없기 때문이다.

반면, 이 책에서 추구하는 단순하고 누구에게나 즉시 전달되는 문장은 약간의 차이는 있을지언정 정답이라고 부를 만한 것이 확실히 존재한다. 이러한 문장은 규칙만 따르면 누구나 비슷하게 쓸 수 있다. 그렇기에 훈련을 통해 쓸 수 있고, 누구나 효과를 실감할 수 있다.

예를 들어, 카피라이터 고시모 카즈야는 좋은 카피의 사례로 소프트뱅크의 "연결이 잘 되는 No.1"이라는 문구를 꼽았다. 이 카피는 전혀 멋지게 말하지도 않았고, 어찌 보면 '이런 건 누구나 쓸 수 있잖아.'라고 생각할 수도 있다. 그러나 당시의 일본 이동통신 업체 '도코모'가 압도적으로 연결이 잘 된다는 공감대가 형성된 상황에서, 이 카피는 '독자가 원하는 가치'를 정확히 언어화했다. 이러한 발견만 있다면 누구나 독자 중심적인 카피를 쓸 수 있다. 멋지게 말하려 애쓸 필요도, 세련된 유머를 추가할 필요도 없다.

카피에서 멋진 말을 하기 전에 반드시 '독자가 진정으로 원하는 가치는 무엇인가?'를 먼저 고민해 보길 바란다.

카피는 '쓰는 것'이 아니라 '찾아내는 것'

카피라이팅이라는 행위는 '쓰는 것'이 아니라 '찾아내는 것'이다. 예를 들어, 앞서 언급한 소프트뱅크의 "연결이 잘 되는 No.1"이라는 카피를 작성하려면 어떻게 해야 할까? 단순히 '소프트뱅크의 카피를 써 보자!'라고 생각하며 노트에 카피를 쓰기 시작해도 평생 이 카피를 내놓지 못할 것이다. 왜냐하면, "소프트뱅크는 가장 연결이 잘되는 이동통신사다."라는 사실을 모르기 때문이다. 따라서, 가장 먼저 해야 할 일은 소프트뱅크를 철저하게 조사해서 독자가 가치를 느낄 만한 무언가를 '찾아내는' 것이다.

또 '목욕할 때 읽는 책은 헌책방에서'나 '벌칙 게임 전용 토마토' 역시 작업 과정을 보면 '찾아내는 것'에 가깝다. 각각의 사례에서 헌책의 용도를 찾아내고, 썩은 토마토의 용도를 찾아낸 결과다. 이 '찾아내는 작업'을 통해 비로소 카피를 쓸 수 있게 된다.

이것이야말로 바로 '무엇을 말할 것인가'를 고민하는 행위다. 카피라이터는 '어떻게 말할 것인가'보다 '무엇을 말할 것인가'를 고민하라는 가르침을 수도 없이 받는다. 즉, 독자가 원하는 가치를 찾아내는 것을 의미한다.

새로운 이름으로 매출 10배

비즈니스에서 사용되는 언어에서 가장 중요한 요소 중 하나가 바로 제품이나 기업의 네이밍이다. 폭발적인 히트를 기록하는 제품이나 압도적으로 성장하는 기업은 반드시 독자 중심적인 관점에서 네이밍을 생각한다.

예를 들어 아래 제품을 살펴보자.

이 제품을 아는가? 아마 아는 사람은 많지 않을 것이다. 이것은 네피아의 '모이스처 티슈'라는 제품이다. 사실 이 제품은 더 이상 세상에 존재하지 않는다. 정확히 말하면 다른 이름으로 새롭게 태어났다.

그 새로운 이름이 바로 이것이다.

그렇다. 바로 네피아의 '코 셀럽(鼻セレブ)'이다. 이 '코 셀럽'이라는 제품은 원래 '모이스처 티슈'라는 이름으로 판매되던 상품의 이름을 변경한 것이다. 그리고 이 상품명 변경으로 매출이 10배 증가했다고 한다.[17][18]

그렇다면 왜 이렇게 극적으로 매출이 상승했을까? 독자 중심적인 네이밍의 관점에서 보면 다음 세 가지 이유를 들 수 있다.

① 짧은 길이

제2장에서 언급했듯이 정보가 폭발적으로 증가한 현대에는 짧음이 곧 강함이다. 그런 점에서 '코 셀럽'의 글자 수는 바뀌기 전의 이름인 '모이스처 티슈'와 비교하면 절반 이하로 줄었다.

짧은 상품명은 기억하기 쉽다는 장점으로 직결된다. 즉 짧고 기억하기 쉬운 이름이 폭발적인 히트로 이어진 것이다.

---

17 〈코 셀럽도 카레 식사도, 「개명 후」에 히트한 상품들〉 https://diamond.jp/articles/-/162582
18 〈Chapter 2 시대의 요구에 부응한 티슈 혁명〉 https://www.cosme.net/feature/201802_nipponpjt_
legend08_hanaceleb_02

② 외형적 아름다움

두 번째는 글자의 외형적 아름다움이다. 이는 제3장에서 언급한 내용에 해당한다. 이전 이름인 '모이스처 티슈'는 외래어로 모든 글자가 가타카나로만 구성되어 밋밋한 인상이다. 반면 '코 셀럽'은, '鼻(코)'라는 한자와 'セレブ(셀럽)'이라는 가타카나의 조합으로 가독성을 훨씬 높였다.

'코 셀럽'이라는 글자는 외형적으로 매우 훌륭해서 패키지 디자인에서도 상품명이 크게 쓰였다. 반면 '모이스처 티슈'의 패키지는 상품명이 찾기 어려울 정도로 작게 표기되어 있었다. 이 차이를 보면 네이밍이 얼마나 큰 역할을 하는지 알 수 있다.

또 '코 셀럽'처럼 네이밍에는 한자뿐만 아니라 알파벳과 숫자도 사용할 수 있으며, 이를 조합하면 더 기억에 남는 네이밍이 되는 경우가 있다.

그 대표적인 예가 바로 아이돌 그룹의 이름이다. 'AKB48', '노기자카46' 그리고 '모닝구 무스메' 같은 이름들을 보면 알파벳과 숫자 등 여러 요소의 조합으로 구성되어 있음을 알 수 있다.

'모닝구 무스메'나 'AKB48'을 처음 들었을 때 아마 많은 사람이 상당한 위화감을 느꼈을 것이다. 그러나 시간이 지나면서 이 이름들이 뿌리를 내리니 그 위화감은 완전히 사라졌다.
초기에 위화감이 있다는 사실을 알면서도, 그것이 개성으로 작용할 수 있음을 이해하고 이 네이밍을 채택한 것이야말로 대단한 점이라고 생각한다.

③ 뛰어난 어감

세 번째는 뛰어난 어감이다. 제3장에서 '리듬은 생명'이라고 언급했다. 입으로 자주 발음하게 되는 네이밍은 '소리의 매력'이 더욱더 중시된다. '코 셀럽'이라는 이름은 어감이 매우 좋아서 왠지 모르게 입으로 소리 내어 말하고 싶어진다.

앞서 언급한《생각에 관한 생각》에서 대니얼 카너먼은 "발음하기 쉬운 단어일수록 호감도가 높다."라고 말했다. 인간의 뇌 메커니즘을 고려할 때 어감이 좋은 이름은 많은 사람에게 사랑받을 가능성이 높다.

100가지 아이디어 중에서 선택된 '코 셀럽'

앞서 언급한 세 가지가 '코 셀럽'의 네이밍이 훌륭하다고 생각하는 이유다. 그리고 또 하나 중요한 점은 이 네이밍이 탄생하기까지 기획 회의에서 100개의 후보안이 나왔다는 사실이다. 뒤에서 언급하겠지만, 이처럼 뛰어난 아이디어가 나오려면 압도적인 '사고량'이 필수다.

세계 최고의 회사명

제품명과 마찬가지로, 기업의 성장을 고려할 때 매우 중요한 요소가 바로 회사명, 즉 브랜드 네임이다.

나는 무언가를 고민할 때, 가장 먼저 성공 사례를 찾고 그 성공 요인을 분석하는 것부터 시작한다. 성공한 기업이 채택한 방법은 그것을 뒤집을 만큼 강력한 논리적 이유가 없는 한 그대로 따르는 것이 성공으로 가는 지름길이기 때문이다.

2022년 1월 기준, 세계에서 가장 성공한 기업을 세계 시가총액 1위 기업이라고 정의한다면, 그 기업은 애플이다. 애플이라는 회사명을 통해 내가 배운 것은 누구나 알고 있는 단어를 회사명으로 사용하는 것의 중요성이다.

애플이라는 단어는 영어권 사람이라면 어린 시절부터 이미 알고 있는 단어다. 심지어 영어가 모국어가 아닌 우리조차 애플이 사과를 뜻하는 단어라는 사실을 대부분 알고 있다. 이처럼 누구나 알고 있는 단어를 회사명으로 사용함으로써 회사명을 기억하는 행위에 필요한 뇌의 리소스를 한없이 제로에 가깝게 만들고 있는 것이다.

이 점은 마케팅 비용에도 크게 관련이 있다. 기본적으로 전달하고자 하는 내용이 어려울수록 그만큼 더 많은 시간과 돈이 든다. 세계사에 등장하는 2세기 후반 로마 황제 '마르쿠스 아우렐리우스 안토니우스'의 이름을 외우기 어려운 것처럼 복잡한 회사명이나 제품명을 기억하게 하려면 그만큼 더 많은 비용을 들여서 광고를 많이 해야 한다.

이것은 애플에만 국한된 이야기가 아니다. 예를 들어 아마존 역시 누구나 알고 있는 단어를 회사명으로 사용한다. 마이크로소프트와 페이스북(현재는 메타^{Meta}로 개명)도 누구나 알고 있는 단어를 조합한 회사명이다.

이처럼 전 세계에서 압도적으로 성공한 기업들은 모두 읽기 쉽고 이해하기 쉬운 회사명을 사용한다. 이는 정보가 폭발적으로 증가한 디지털 시대라는 배경과 무관하지 않다.

단번에 못 읽는 이름은 피하자

매일 새롭게 탄생하는 제품명, 서비스명, 회사명을 보면 단번에 읽을 수 없는 이름이 많다. 이름을 읽을 수 없다는 점 하나만으로도 비즈니스에서는 압도적으로 불리해진다. 읽을 수 없는 이름을 일부러 검색해 볼 만큼 독자는 시간이 많지 않다. 그 시간에 차라리 넷플릭스 드라마를 보거나 친구의 틱톡에 '좋아요'를 누르고 싶어 할 것이다.

새로움과 독창성을 추구한 나머지 전혀 읽을 수 없는 제품명이나 서비스명을 붙이는 기업이 정말 많다. 물론, 제품명이나 서비스명에는 기업이나 개발자의 강한 마음이 담겨 있음을 이해한다. 그러나 단번에 이름을 읽을 수 없다는 것은 발에 무거운 족쇄를 달고 걷는 상태와 다름없다는 사실을 부디 인식해 주길 바란다.

Paidy에서 페이디로

"단번에 읽을 수 없는 이름은 절대 안 된다."라고 말했으나, 사실 내가 속한 기업 '페이디^{Paidy}'도 서비스명이 읽기 어렵다는 과제를 안고 있었다. '페이디'는 새로 만든 말이기 때문에 처음 보는 사람은 읽기가 어렵고, 알파벳으로 표기하면 '페이디'가 아닌 '페이데이' 등으로 잘못 읽히는 경우가 많았다.

그래서 내가 입사하기 조금 전에 가타카나로 표기한 '페이디(ペイディ)'를 서비스명의 정식 표기로 채택했다. 알파벳 표기에서 가타카나로 변경하여 누구나 단번에 읽을 수 있도록 한 것이다. 그 후에 내가 카피라이터로 입사하고 서비스명 전환을 보다 엄격히 진행한 결과, 현재는 SNS에서도 '페이디'로 표기되는 경우가 많이 늘었다. 이런 활동은 분명히 성과를 내고 있으며 구글 트렌드에서 비교해 보면, 2021년 5월 무렵부터 눈에 띄게 전환의 효과가 나타나고 있음을 알 수 있다.

이런 부분은 당연히 네이밍을 결정하기 전에 고려하는 것이 가장 좋지만, 실제로 세상에 나온 후에도 조금만 신경을 쓰면 독자 중심적인 서비스명이 될 수 있다.

해시태그로 만들어 보자

SNS 소통이 중시되는 현대에 네이밍이나 제목을 생각할 때 매우 유효한 방법 중 한 가지는 '#'를 붙여서 해시태그로 만들어 보는 것이다.

예를 들어, '독자 중심'에 '#'를 붙여서 '#독자중심'으로 만들기만 해도 'SNS에서 이 단어가 어떻게 유통될 것인가?'를 꽤 구체적으로 상상할 수 있다. 이것만으로도 '조금 길구나', '가독성이 떨어지네', '왠지 어색해' 같은 위화감을 느낄 수 있다.

정말로 '#'을 붙이는 것만으로도 그 단어를 보는 관점이 완전히 달라진다. 새로운 단어를 생각하거나 마음에 드는 단어를 발견했다면 꼭 한번 시도해 보길 바란다.

제6장

UX 라이팅으로 배우는
독자 중심적 글쓰기

카고메 '야채 생활 100'의 명카피

나는 광고 회사에서 약 10년 동안 카피라이터로 일했다. 그 10년 동안 셀수 없이 많은 카피를 접했지만, 그중에서도 쭉 좋아했던 카피가 있다. 그것은 거장 카피라이터가 쓴 영혼의 한 줄도 아니고, 수억 엔을 들인 대형 캠페인의 유명한 카피도 아니다. 카고메 '야채 생활 100'의 종이팩을 펼칠 때 만날 수 있는 카피다.

이 '?' 부분에는 종이팩을 펼친 사람만 볼 수 있는 메시지가 적혀 있다. 그 메시지가 무엇일까? 한번 상상해 보길 바란다.

상상해 봤는가? 그렇다면, 정답을 보자. 정답은 바로 이것이다.

종이팩을 펼치면 '펼쳐 줘서 고마워.'라는 메시지가 적혀 있다. 처음 이 메시지를 봤을 때, 나는 '정말 멋진 메시지다!'라고 생각하며 깊이 감동했다. '펼치길 잘했다, 좋은 일을 했구나.'라는 기분이 들고 마음이 아주 따뜻해졌다.

그때부터 내 안에는 이 카피가 남긴 충격이 계속 남아 있었다. 하지만 나는 이 메시지를 내 안에서 제대로 소화하지 못했다. 그동안 내가 써 왔던 광고 카피와는 완전히 달랐기 때문이다. 이 메시지가 적힌 곳은 종이팩의 패키지다. 게다가 종이팩을 펼쳤을 때만 볼 수 있다. 광고 카피도 아닌 이 카피는 과연 어떤 장르나 카테고리에 속하는 메시지일까? 나는 계속 그것에 대해 고민했다.

그러던 어느 날, 드디어 내 안에서 답을 찾았다.

"그렇구나. 이건 UX 라이팅의 한 종류였구나."

당신의 문장을 바꾸는 UX 라이팅

내가 글을 쓸 때 '독자 중심'을 강하게 의식하기 시작한 것은 'UX 라이팅'이라고 불리는 영역의 일을 하게 되면서부터였다.

2019년, 나는 라쿠텐에 카피라이터로 입사했다. 그전까지는 광고 회사에 소속되어 신문이나 잡지와 같은 그래픽 광고의 카피를 작성하는 것이 주요 업무였다. 그러나 라쿠텐에서의 업무는 거의 100%가 웹 서비스나 디지털 제품 관련 카피 개발이었다. 그 과정에서 디지털상의 글쓰기를 스스로 학습하며 UX 라이팅이라는 개념을 접했다.

우선, 'UX'라는 단어를 이 책에서 처음 접한 사람도 있을 것이다. 'UX'는 'User Experience'의 약자로, 번역하면 '사용자 경험'이라고 할 수 있다. 제품이나 서비스를 개발할 때 '어떻게 하면 고객에게 편안하고 사용하기 쉬운 것이 될까?'를 철저히 고민하고 경험을 설계하는 것이 일반적으로 UX가 관여하는 영역이다.

그중에서도 UX 라이팅은 아직 새롭게 생겨난 영역이라 사람마다 그 해석이나 정의가 다를 수 있다. 따라서 이는 어디까지나 나의 정의이며, 나는

UX 라이팅을 다음과 같이 정의한다.

제품이나 서비스 내에서 사용자가 목표를 달성할 수 있도록 텍스트로 지원하는 것.

구체적인 예시로 설명하겠다. 다음 화면을 살펴보자.

아이폰의 잠금 화면이다. 이 화면을 평생 피처폰만 사용하고, 스마트폰을 한 번도 만져 본 적이 없는 사람이 처음 본다고 가정해 보자.

"잠금을 해제해 주세요."라고 요청하면 어떻게 할까? 아마도 어떤 조작을 해야 잠금이 해제되는지 전혀 모를 것이다. 그러나 이 화면에는 몇 초 후에 이런 텍스트가 표시된다.

위로 밀어서 잠금 해제

이걸 읽으면 '위로 밀면 잠금이 해제된다.'라는 사실을 알 수 있다. 텍스트가 없는 상태에서는 어떻게 잠금을 해제하는지 알 수 없다. 그러나 텍스트가 있으면 '잠금을 해제한다.'라는 목적을 달성하기 위해 '위로 밀면' 된다는 사실을 이해할 수 있다. 이것이 바로 목적 달성을 지원하는 텍스트, UX 라이팅 그 자체다.

　앞서 말했던 카고메 '채소 생활 100'의 "펼쳐 줘서 고마워."라는 문구도 목적 달성을 지원하는 텍스트라고 할 수 있다. 카고메는 환경 부담을 고려해 고객이 종이팩을 펼쳐서 배출해 주기를 바란다. 이것이 카고메의 목적이다. 그 목적을 달성하려면 어떻게 해야 할까? 단순히 "펼쳐서 버려 주세요."라고 말하면 너무 직설적이라 전달력이 약하다. 그래서 고안한 최고의 해결책이 "펼쳐 줘서 고마워."였다고 생각한다.
　"고맙다."라는 말을 듣는 경험은 독자에게 잊히지 않는 기쁨을 안겨 준다. 이 메시지를 한 번이라도 접한 사람은 아마 '또 펼쳐서 내놓아야겠다.'라고 생각할 것이다. 실제로 나도 종이팩을 펼쳐서 버리는 습관이 생겼다. UX란 경험을 설계하는 것이며, 이는 바로 '앞으로도 계속 올바르게 종이팩을 배출하고 싶어지는' 경험을 설계한 것이다.

　이러한 UX 라이팅의 사고방식을 배우며 '독자의 행동을 변화시키는 글이란 무엇인가?'를 고민하게 되었고, 독자 중심적인 글을 쓰는 것이 중요하다는 사실을 깨닫게 됐다.

카피라이팅과의 차이점

나는 실무에서 카피라이팅과 UX 라이팅을 모두 담당하고 있지만, 두 역할은 명확히 다르다. UX 라이팅과 카피라이팅은 마케팅의 4P에서 담당하는 부분이 다르다. 다음이 마케팅의 4P다.

- Product(제품)
- Price(가격)
- Promotion(판매 촉진)
- Place(유통)

이 중 Promotion(판매 촉진)을 담당하는 것이 카피라이팅이고, Product(제품)를 담당하는 것이 UX 라이팅이다. 카피라이팅은 웹사이트 외에도 SNS, TV 광고, 교통 광고, 신문 광고, 잡지 광고 등에서 사용되는 카피를 만든다.

구체적인 예시를 들어 설명하겠다. 아이폰의 카피라이팅 사례가 바로 이것이다.

iPhone 12와 iPhone 12 mini

스피드 그 이상의 스피드.

압도적으로 강력한 칩. 5G의 속도. 선진적인 듀얼 카메라 시스템.
어떤 스마트폰 유리보다 튼튼한 Ceramic Shield 액정.
선명하고 아름다운 OLED 디스플레이. 이 모든 것을 담은 iPhone 12.
두 개의 매력적인 사이즈를 만나 보세요.

예약하지 않을 경우 69,800엔(세금 포함)부터
구입

퍼플

출처:애플 웹사이트

"스피드 그 이상의 스피드."[19]라는 캐치프레이즈가 눈에 띈다. 리듬감과 언어유희로 전형적인 카피라이팅다운 느낌을 준다.

반면, 같은 아이폰에 관련된 텍스트라도 앞서 언급한 UX 라이팅의 사례 인 '위로 밀어서 잠금 해제'는 "스피드 그 이상의 스피드."와 비교했을 때 매 우 단순하며, 특별히 기발한 표현상의 장치도 없다. 어째서 이렇게 차이가 나는 걸까? 이는 목적이 다르기 때문이다.

---

19 https://www.apple.com/jp/iphone-12/key-features

카피라이팅과 UX 라이팅의 차이를 정리하면 아래와 같다.

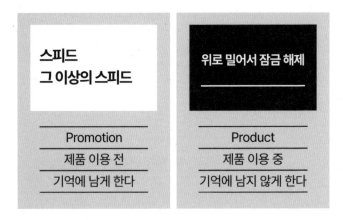

먼저 인식해야 할 점은 각자 '제품이나 서비스를 사용하기 전에 접하는 가.' 아니면 '제품이나 서비스를 사용하는 도중에 접하는가.'의 차이다. 판매 촉진에 사용되는 카피라이팅은 제품이나 서비스를 이용하기 전인 사람들을 대상으로 만들어진다. TV 광고나 교통 광고 등을 보는 사람들 대부분은 새로운 아이폰에 별다른 관심이 없다.

이처럼 관심이 없는 사람들의 주의를 끌고, 궁극적으로는 제품을 구매하게 해야 한다. 새로운 아이폰이 얼마나 매력적이며 당신의 삶을 풍요롭게 만들어 줄 수 있는 제품인지 분명히 전달해야 한다. 그렇기에 카피라이팅에서는 강렬하고, 호소력이 짙으며, 감성적이고, 보는 이의 마음을 움직이며, 기억에 남는 표현이 요구된다.

반면, 제품이나 서비스의 텍스트는 기본적으로 제품이나 서비스를 이용

중인 사람을 대상으로 작성된다. 따라서 필요 이상으로 흥미를 자극할 필요는 없다. 오히려 중요한 것은 제품이나 서비스를 사용하는 데 방해가 되지 않는 것이다.

사용자가 제품이나 서비스를 쾌적하게 이용하고 있다면 '텍스트로 인한 마찰이 전혀 없다.'라는 것을 의미한다. 즉 우수한 텍스트는 마치 거기에 존재하는 것조차 인식되지 않을 정도로 제품에 완벽히 녹아들어야 한다.

'위로 밀어서 잠금 해제'라는 텍스트는 사람에 따라서는 매일 접하는 내용이다. 그러나 그 텍스트가 구체적으로 어떤 내용인지, 심지어 텍스트가 존재한다는 사실조차 인지하지 못하는 사람이 대부분일 것이다(UX 라이터인 나 같은 사람을 제외하면).

이러한 상태야말로 UX 라이팅이 가장 잘 작동하고 있는 상태다. 뛰어난 UX 라이팅은 투명도가 높다. 극도로 완벽해질수록 사람들에게 보이지 않는다. 개인적으로는 이 모습이 마치 닌자 같다고 생각한다.

'더 보기'는 사용 금지

UX 라이팅 업무를 할 때도 카피라이터로서 배운 것을 활용한다. 그중에서도 가장 강하게 느끼는 것은 앞서 언급한 '카피는 화살표'라는 개념이 UX 라이팅 그 자체라는 점이다.

UX 라이팅은 제품이나 서비스를 사용하는 고객의 경험을 언어로 설계하는 일이다. 이는 곧 고객이 나아가야 할 방향을 언어라는 화살표로 안내하는 작업이기도 하다.

예를 들어, 웹 사이트에서 가장 자주 사용되는 표현 중 하나가 '더 보기'다. 자세한 내용이 이곳에 있다는 것을 알려 주는, 말 그대로 화살표 같은 표현이다.

하지만 나는 가능한 한 '더 보기'라는 표현을 사용하지 않는 것이 좋다고 생각한다. 그 이유는 이 표현이 화살표로서의 힘이 약하기 때문이다.

구체적으로 설명하겠다. 예를 들어 당신이 온라인 쇼핑 사이트에서 신규 회원 모집을 담당하고 있다고 가정하자. 당신은 회원 가입 화면으로 이동하는 버튼을 아래와 같이 설정했다.

`더 보기`

하지만 클릭률을 확인해 보니 회원 가입으로 잘 이어지지 않는다는 사실을 알았다. 그 이유는 무엇일까?

답은 바로 '더 보기' 이외의 텍스트를 읽지 않았기 때문이다.

이 책에서 여러 차례 강조했듯, 사람들은 텍스트를 읽지 않는다. 웹 사이트의 다른 부분에 있는 텍스트를 읽지 않은 상태로 '더 보기'라는 버튼 문구를 봐도 클릭했을 때 무엇이 나올지 알 수 없다. 그렇다면 어떻게 해야 할까? 예를 들면 이렇게 바꿔 볼 수 있다.

회원 가입은 여기

이렇게 하면 다른 문장을 전혀 읽지 않더라도 이 버튼을 누르면 회원 가입 화면으로 이동한다는 사실을 알 수 있다. 화살표로서의 힘이 훨씬 강해진 것이다. 혹은 이렇게 표현할 수도 있다.

회원 가입하기

'회원 가입은 여기'와 '회원 가입하기'의 차이는 무엇일까? 사실 여기에는 글쓴이 중심적 표현과 독자 중심적 표현의 차이가 있다. '회원 가입은 여기'는 서비스를 제공하는 작성자인 당신이 고객에게 '여기'라고 안내하는 표현이다. 반면, '회원 가입하기'는 고객의 행동 자체를 표현한 말이다. 버튼을 누르는 행위자는 고객이기 때문에 고객의 행동을 그대로 언어화하면 독자 중심적인 문구가 된다. 이처럼 고객의 행동을 동사로 표현하는 버튼 문구는 웹 사이트 등에서 클릭률이 매우 높은 경향을 보인다.

만약 당신이 관리하는 웹 사이트에서 '더 보기'라는 문구를 발견했다면, 그것은 큰 기회다. 조금만 손을 보면 큰 비즈니스 성과를 기대할 수 있다. 꼭 개선해 보길 바란다.

게임으로 배우는 UX 라이팅

앞서 말했듯이 만화뿐만 아니라 세상에 존재하는 모든 산업에서 문장력을 배울 수 있다. 그중에서도 내가 깊은 감명을 받은 것은 닌텐도의 게임 〈모여봐요 동물의 숲〉의 텍스트다. 이 게임에서는 플레이어 이름이나 섬의 이름 등을 입력해야 하는 경우가 종종 있다.

이런 입력 폼은 게임뿐만 아니라 거의 모든 웹 서비스에서 존재한다.
내가 놀랐던 것은 입력 폼 다음에 표시되는 확인 화면이다.

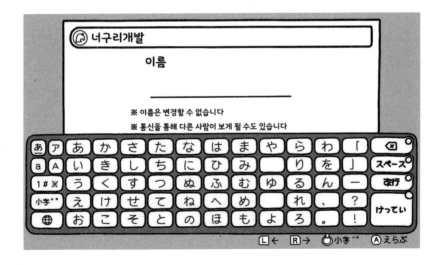

일반적으로 확인 화면은 입력한 내용을 표시하면서 '다음으로' 같은 확인 버튼과 '뒤로 가기' 또는 '취소' 등 입력 폼으로 돌아가는 버튼 두 가지를 보여 주며 선택하도록 구성된다.

그러나 〈모여봐요 동물의 숲〉의 확인 화면은 아래와 같다.

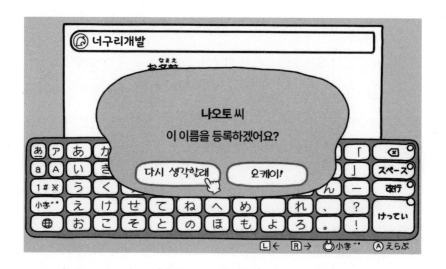

나는 '다시 생각할래'라는 표현을 보고 마치 머리를 강하게 얻어맞은 듯한 충격을 받았다. '뒤로 가기'는 어디까지나 화면상의 조작이다. 그러나 이 순간 고객이 실제로 원하는 행동은 입력 폼으로 돌아가는 것이 아니라 이름을 다시 고민하는 것이다.

물론 '다시 생각할래'라는 표현은 게임이기 때문에 적절한 것이며, 일반적인 서비스에서는 사람들이 익숙한 '뒤로 가기'를 사용하는 편이 인지적 마찰이 적고 더 매끄럽다.

그러나 '뒤로 가기'나 '취소' 같은 버튼 문구가 완전한 답이라고 여겨진 상황에 머무르지 않고, '다시 생각할래'라는 고객의 목적에 더 가까운 표현을 찾아냈다는 점에서 닌텐도의 언어에 대한 아주 세부적인 고집을 느낄 수 있다.

닌텐도의 텍스트에 대한 사고방식은 웹 매체《게임 워치^{GAME Watch}》의 기사 〈닌텐도 스위치의 UI를 만지는 것만으로도 즐거운 이유[20]〉에도 자세히 설명되어 있다.

또 '사람은 대각선으로 읽는다.'라는 습성을 활용해서 메시지 등은 왼쪽 상단과 결정 버튼에 '삭제' 등 메시지의 주제를 나타내는 단어를 의식적으로 배치하고 있다.

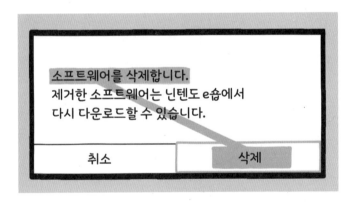

닌텐도 스위치의 본체 기능에 '예', '아니요' 같은 표현이 표시되지 않는 이유는, 전부 읽지 않으면 메시지를 이해할 수 없는 사태를 방지하기 위함

20 〈Nintendo Switch의 UI를 만지는 것만으로도 즐거운 이유〉
    https://game.watch.impress.co.jp/docs/news/1139303.html

이라고 한다.

　이처럼 버튼 등 적은 글자 수 안에서도 이용자가 바른 의사결정을 할 수 있도록 노력을 기울이고 있다는 사실을 알 수 있다.

고객의 진짜 목적을 언어화한다

　고객의 진정한 목적을 언어화하는 것은 비즈니스적인 관점에서 제품이나 서비스의 이용을 촉진하는 데 중요하다. 그 성공 사례 중 하나가 구글이 호텔 검색 서비스에서 문구를 변경한 사례다.[21]

　구글의 호텔 검색 서비스는 처음에 '객실 예약하기(Book a room)'라는 문구를 사용했다. (아래의 예시는 유튜브에 공개된 구글의 영상 〈매력적인 본문: 깨지지 않는 언어 – 에릭 웡과 함께하는 제품 디자인〉의 슬라이드를 바탕으로 재구성한 자료다.)

21　〈Text Appeal: Language That Makes - Not Breaks - Your Product Design with Erik Wong〉
　　https://www.youtube.com/watch?v=DlGfwUt53nl

구글의 UX 라이터는 이를 '객실 예약하기Book a room'에서 '공실 확인하기
Check availability'로 변경했다고 한다.

이는 고객의 진짜 목적을 언어화한 결과다.

즉 호텔 검색 결과를 보고 있는 시점에서 고객은 호텔을 예약하고 싶은
것이 아니라, 먼저 공실 여부를 확인하고 싶은 것이다.

화면을 보고 있는 상황에서 '고객의 진정한 목적은 무엇인가?'를 고민함
으로써 UX는 더욱 원활해지고, 비즈니스 측면에서도 성과 향상을 기대할
수 있다.

〈모여봐요 동물의 숲〉이나 구글의 사례에서 알 수 있듯이 UX 라이팅은
독자의 행동을 유도하는 강력한 힘을 지녔다. 당신이 평소 사용하는 제품이
나 서비스의 UX 라이팅 속에는 배울 점이 많다. 꼭 주의 깊게 살펴보며 '독
자의 행동을 변화시키는 문장'을 고민해 보길 바란다.

독자의 '기억에 남지 않는' 문장의 기술

좋은 문장을 '감성적이고, 센스 있으며, 화제가 될 만한 문장'으로 정의한다면, 많은 사람은 '기억에 남는, 잊을 수 없는 문장이야말로 좋은 문장이다.'라고 생각할 것이다. 그러나 UX 라이팅에서 요구되는 문장의 기술은 정반대다. 독자의 기억에 남지 않는 문장의 기술이 요구된다.

앞서 언급한 '위로 밀어서 잠금 해제'라는 문장을 아이폰 사용자들은 하루에 수십 번, 많게는 수백 번 본다. 그러나 이를 기억하는 사람은 그리 많지 않을 것이다.

그 이유는 이 문장이 아이폰 사용자를 방해하지 않도록 작성되었기 때문이다. '기억에 남지 않는 문장'을 작성하려면 매우 고도의 기술이 필요하다. 앞서 언급했듯이 인간은 문장에서 조금이라도 불편함을 느끼면 그 문장이 잘 안 읽힌다고 생각하고, 나쁜 의미로 기억에 남기 때문이다.

UX 라이팅에서 요구되는 문장이란, 이러한 마찰이 전혀 없고, 기억에 남지 않을 정도로 자연스럽게 읽히는 문장이다.

이에 대해 구글의 UX 라이터 토레이 파드마저스키[Torrey Podmajersky]는 한 인터뷰[22]에서 다음과 같이 말했다.

---

22 〈UX Writing: An interview with Torrey Podmajersky〉
   https://uxpod.com/episodes/ux-writing-an-interview-with-torrey-podmajersky.html

"창의적인 사람들은 아름답고 빛나는 무언가를 만들고 싶어 한다. 하지만 그것은 UX 라이팅의 목적이 아니다. UX 텍스트는 대부분 기억에서 사라져야 한다. 우리가 생각하는 텍스트는 사용자가 작업을 완료하거나, 게임을 즐기거나, 훌륭한 문장이나 아트를 만들 때 도움이 되기 위해 존재한다. 사용자가 버튼의 텍스트를 읽고 '정말 멋진 버튼 라벨인데!'라고 생각하게 하려고 존재하는 것이 아니다."

UX 라이팅의 카피는 철저히 고객의 행동을 지원하는 역할을 한다. 말하자면 조연이며, 결코 주연이 아니다. 주연이 아니기 때문에 화려하고 반짝이는 말이 아니라 읽는 사람이 잊어버릴 정도로 자연스럽고 막힘없는 표현이 요구된다.

최고의 독자 경험을 설계하자

내가 디지털 제품의 UX 영역 업무나 실제 UX 라이팅 업무를 통해 배운 것은, 글에도 쾌적한 경험이 요구된다는 점이다.

예를 들어, 당신의 이메일이나 기획서가 주변 사람들에게 "잘 안 읽힌다.", "이해하기 어렵다."라는 평가를 받는다면, 이는 UX 관점에서 '독자에게 쾌적한 경험을 제공하지 못했다.'라고 볼 수 있다. 특히 현장성이 중요한 채팅 같은 소통에서는 '어떤 문장을 보낼 것인가?'뿐만 아니라, '언제, 어떤 상황에서 독자가 이 문장을 읽게 될 것인가?'까지 고려해서 경험을 설계해야 한다. '이메일 읽기', '기획서 읽기', '채팅 메시지 읽기'를 단순히 글이 아닌 하나의 경험으로 보면, 독자가 쾌적하게 읽을 수 있는 글이 보이기 시작한다.

UX가 고객 경험의 향상을 목표로 한다면 문장에서 요구되는 것은 독자의 경험 향상이다. 그리고 이것을 명확히 해설한 것이 이 책이며 '독자 중심'이라는 사고방식이다. UX의 사고방식과 UX 라이팅은 향후 모든 분야에서 중요하게 다뤄질 개념이다. 문장력을 키울 때도 물론 중요하지만, 비즈니스와 일상을 더욱 나아지게 만드는 매우 유용한 지식이기 때문에 관심이 있다면 꼭 적극적으로 배워 보기를 권한다.

제 7 장

기능적 글쓰기와
정서적 글쓰기

기능적 가치와 정서적 가치

나는 문장력을 크게 두 가지 범주로 나눠서 생각한다. 하나는 '기능적 글쓰기', 다른 하나는 '정서적 글쓰기'다.

나는 광고 회사에서 약 10년 동안 일했는데, 그곳에서 배운 것 중 하나가 '기능적 가치와 정서적 가치'라는 개념이다.

간단히 말하자면 기능적 가치는 그 상품 자체가 제공하는 기능으로서의 가치이고, 정서적 가치는 그 상품을 소유함으로써 얻는 심리적 가치(사회적 지위 등)다.

이해하기 쉽게 컴퓨터를 예로 들자면 윈도우^{Windows}는 기능적 가치의 비중이 크고 맥^{Mac}은 정서적 가치의 비중이 크다고 평가받는다.

이 기능적 가치와 정서적 가치는 일종의 상충 관계에 있다. 예를 들어, 디자인이나 브랜드 이미지 같은 정서적 가치를 지나치게 추구한 나머지 기능

적 가치가 훼손되어(사용하기 불편해진다) 불편을 겪게 되는 경우를 당신도 경험해 봤을 것이다. 이 기능적 가치와 정서적 가치의 사고방식을 문장력에 응용한 것이 바로 기능적 글쓰기와 정서적 글쓰기다.

단순한 '기능적 글쓰기'

기능적 글쓰기란 무엇인가? 그것은 바로 이 책에서 지금까지 설명해 온 독자 중심적 문장력이다. 즉 단순한 표현으로 짧고 간결하게 전달하고자 하는 내용을 정확히 전달하는 글이다.

그동안 '좋은 글'이나 '글을 잘 쓰는 사람'이라는 표현은 감성적이고 감정에 호소하는 글을 쓰거나, 그런 글을 쓸 수 있는 사람에게 사용되는 경우가 많았다. 하지만 나는 이 '기능적 글쓰기'야말로 비즈니스, 취업 활동 등 당신의 삶에 진정으로 도움이 된다고 생각한다. 그리고 이 기술을 향상하는 것이 당신의 삶을 더욱 풍요롭게 만든다고 믿는다. 이것이 바로 '독자 중심'이라는 글의 근본적인 사상이다.

감정을 자극하는 '정서적 글쓰기'

한편, 단순하고 짧으며 간결한 '기능적 글쓰기'와는 달리, 글을 통해 정서적 가치를 제공하는 것이 바로 '정서적 글쓰기'다. 정서적 글쓰기의 대표적인 예는 역시 광고 카피다.

여기서 내가 인생에서 가장 감동한 광고 카피를 소개하고자 한다.

죽는 게 두려워서 키우지 않는다는 말은 하지 말았으면 좋겠다

집이 더러워질까 봐 키우지 않는다면,
개는 예의를 배울 수 있다.
집을 자주 비우기 때문에 키우지 않는다면,
개는 기특하게도 고독과 마주하려고 노력할지도 모른다.
형편이 어려워서 키우지 않는다면,
개는 분명 함께 그 어려움을 즐길 것이다.
하지만… 죽는 게 두려워서라는 말을 들으면,
개는 두 손을 들 수밖에 없다. 모든 개는 영원하지 않다. 언젠가 사라진다.
하지만 그날이 오기 전까지, 개는 열심히 살아간다. 아주 열심히.
아마도 오늘도 모든 개는 열심히 살아가고,
주인들은 고단하고, 번잡하며,
행복한 시간을 함께 보내고 있을 것이다.
키우고 싶지만 키우지 않는다는 사람이 있다면 전해 주길 바란다.

개들은 당신을 슬프게 하려고 오는 것이 아니다.

오직 당신을 미소 짓게 하려고 오는 것이다.

어느 신이 보낸

포동포동하고 따뜻한 생명을 맡는다는 것은,

인간에게 주어진

소박하면서도 고상한 즐거움이라고.

출처: 일본 펫 후드 광고

나는 이 광고 카피를 선전회의 카피라이터 양성 강좌 수업에서 처음 접했다. 그때 강사로 계셨던 분이 바로 이 카피를 쓴 카피라이터 고지마 레이코 선생님이었다. 고지마 레이코 선생님은 수업에서 이 카피를 직접 낭독하셨는데, "열심히 살아간다. 아주 열심히."라는 부분에서 눈물을 참을 수 없었던 것을 지금도 생생히 기억한다.

이러한 광고 카피는 정서적 글쓰기의 대표적인 예시라고 생각한다. 여기서 지금까지 이 책을 읽은 당신에게 묻고 싶다. 이 광고 카피를 보고 무언가 눈치챘는가?

사실 지금까지 설명한 기능적 글쓰기에서 지켜야 할 규칙들이 이 광고 카피에서도 철저히 지켜지고 있다. 문장 하나하나가 짧고, 어려운 단어를 사용하지 않으며, 가독성을 고려한 배치가 돋보이고, 읽었을 때의 리듬감도 뛰어나다. 즉 정서적 글쓰기는 기능적 글쓰기를 확실히 익힌 뒤에 추가로 정서적 가치를 호소하는 것이다.

이것이 내가 '먼저 기능적 글쓰기와 독자 중심적 사고를 익혀야 한다.'라고 생각하는 이유다. 이 책을 읽으며 '나는 이런 기본적인 문장이 아니라, 더 감성적이고 강력한 문장을 쓰는 방법을 배우고 싶다!'라고 생각하는 사람이 있을지 모른다. 그러나 갑자기 감성적인 문장을 쓰려고 해도 기초가 되는 문장력이 없으면 진정으로 전달력 있는 정서적 글쓰기는 불가능하다.

기능적 글쓰기는 훈련만 하면 누구나 익힐 수 있다. 그것은 재능이나 감각이 아니라 기술이기 때문이다. 그래서 나는 이 책을 읽고 기능적 글쓰기를 확실히 익히게 만드는 것을 목표로 삼았다.

한편 정서적 글쓰기는 앞서 소개한 광고 카피를 보면 알 수 있듯이, 압도적인 재능과 감각이 필요하다. 한 권의 책을 읽는다고 누구나 단기간에 그런 글을 쓸 수 있는 것은 아니다.

그렇다고 "재능이나 센스가 없으면 정서적인 글쓰기를 포기해야 하는가?"라고 묻는다면, 물론 그렇지 않다. 기능적 글쓰기처럼 즉각적으로 습득할 수 있는 것은 아니지만, 시간을 들이면 감각을 확실히 갈고닦을 수 있다.

문장의 센스를 갈고닦는 방법

애초에 '센스'란 무엇일까? 센스에 관해 생각할 때 매우 참고가 되는 것이 바로 디자인 이노베이션 회사 타크람^{Takram}의 대표이사인 다가와 킨야의 저서 《이노베이션 스킬세트》다. 이 책에서는 "센스란 무엇인가?"라는 질문에 대한 답으로, "센스란 판단의 연속에서 생겨난다."라는 말을 소개했다.

> '센스'라고 하면 다소 막연하게 느껴질 수 있다. 그러나 눈앞의 일들에 대해 'Yes 혹은 No'로 판단을 내리는 과정이라고 생각하면 훨씬 더 친근하게 다가온다.

숙련된 디자이너의 센스는 디자이너마다 그 방향성이 제각각이다. 다만 공통점은 자신의 좋고 싫음이 일반 사람들보다 훨씬 더 명확하다는 것이다.

이 부분은 디자인 센스를 언어화한 내용이지만, 글쓰기 센스에 똑같이 적용할 수 있다. 글쓰기 센스가 뛰어난 사람은 글의 좋고 싫음이 명확하다는 특징이 있다.

《이노베이션 스킬세트》에서는 디자인 센스를 갈고닦는 구체적인 방법으로 다음과 같은 훈련을 소개한다.

① 빨강, 파랑, 노랑 세 종류의 작은 포스트잇을 준비한다.
② 디자인 잡지나 디자인 사진집을 구매한다.
③ 자신이 좋다고 생각하는 것에는 '파랑', 별로라고 생각하는 것에는 '빨강', 어느 쪽도 아니거나 판단할 수 없는 것은 '노랑' 포스트잇을 붙인다.

이 방법은 글쓰기 센스를 연마하는 데 매우 효과적이다. 특히 가장 중요한 것은 '내가 좋다고 생각하는 문장'을 명확히 하는 것이다. 실제로 나는 책을 읽으면서 좋다고 생각하는 문장에 포스트잇을 엄청나게 붙인다. 내가 가장 많은 포스트잇을 붙인 책은 구글의 업무 방식을 다룬《구글은 어떻게 일하는가》인데, 사진에서 보다시피 엄청난 양의 포스트잇이 붙어 있다.

포스트잇을 잔뜩 붙인 《구글은 어떻게 일하는가》

 이처럼 다양한 글을 읽으며 각각 판단해서 내가 좋아하는 문장과 마음에 남는 문장을 명확히 하고 있다. 이 책에서도 내가 읽었던 책의 문장을 많이 인용했는데, 그것들 역시 내가 포스트잇을 붙여 둔 문장들이다.

 또 광고 카피를 배울 때도 '내가 좋아하는 광고 카피'를 명확히 하는 것이 매우 중요하다. 앞서 몇 가지 광고 카피를 소개했는데, 이것도 과거에 내가 '이건 내가 좋아하는 카피다.'라고 명확히 판단했기 때문에 바로 떠올릴 수 있었다.

 더 나아가, 글쓰기 센스 연마에는 앞서 언급한 '필사'가 매우 효과적이다. 머리로만 글을 읽는 것이 아니라 실제로 손으로 써 봄으로써 '사람이 본능적으로 기분 좋게 느끼는 문장의 리듬'을 몸에 익힐 수 있다. 실제로 나는 감성적인 카피를 써야 할 일이 있을 때, 좋아하는 광고 카피나 노래 가사 등을 노트에 필사하면서 그 감각을 내 안에 '깃들게' 했다.

필사 대상은 책의 문장이나 광고 카피뿐만 아니라, 애니메이션, 만화, 드라마, 영화의 대사, 노래 가사, 연설문 등 무엇이든 상관없다. 본인이 멋지다고 느낀 말이나 문장을 발견하면 반드시 필사해 보길 권한다. 이 작업을 꾸준히 이어 가다 보면 당신의 글은 분명 센스가 돋보이는 글로 바뀌게 될 것이다.

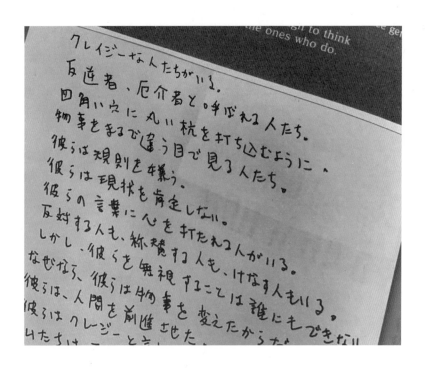

실용적인 문장과 예술적인 문장

나는 내가 업무에서 작성하는 글의 특성을 분석하고 정리하며 그 해상도를 높이는 과정에서, '기능적 글쓰기'와 '정서적 글쓰기'로 나누는 것이 글에 대한 이해를 깊게 만든다는 사실을 깨달았다.

그러나 이후에 문장력에 관한 책을 읽으며 이미 그러한 분류는 오래전에 이루어졌음을 알게 됐다. 그중 하나가 바로 다니자키 준이치로의 '실용적인 문장과 예술적인 문장'이다.

다니자키 준이치로가 쓴 《문장 독본》은 일본에서 문장력의 교과서로 여겨지는 고전적인 책이다. 그 책에는 "소설과 같은 아름다움이 요구되는 '예술적인 문장'에도 상대방이 이해할 수 있도록 쓰는 '실용적인 문장'의 기술이 필요하다."라고 적혀 있다.

이것은 내가 생각했던 '정서적 글쓰기(예술적인 문장)'를 배우기 전에 '기능적 글쓰기(실용적인 문장)'를 익혀야 한다는 지침과 일치하는 내용이었다. 그 부분을 읽었을 때, 나는 마치 '바퀴의 재발명[23]'을 한 듯한 기분이 들었다. 그리고 동시에 이 사고방식에 자신감을 얻었다.

---

23   이미 발명된 것을 모르고 처음부터 다시 발명하는 일

감성이 아닌 논리로 쓰자

과거에 덴쓰 테크의 카피라이터와 대담할 때 기능적 글쓰기에 관해 이야기했더니, 아주 흥미로운 비유를 들려 줬다. 그것은 기능적 글쓰기는 수학이고, 정서적 글쓰기는 국어라는 비유였다.

실제로 기능적 글쓰기는 정해진 규칙을 하나씩 충족시키며 올바른 답에 도달하는 느낌이 있다. 반대로 무엇이 정답인지 알 수 없는 정서적 글쓰기는 독자에 따라 받아들이는 방식이 다르기 때문에 국어와 비슷하다고 할 수 있다.

서두에 밝혔듯이 나는 이공계 출신이다. 내가 기능적 글쓰기를 잘하는 이유는 기능적 글쓰기가 수학적이기 때문일지도 모른다. 글쓰기를 어려워하는 사람이 많은 것도 사실은 이공계적 사고가 약한 사람이 많기 때문이 아닐까.

글은 흔히 우뇌의 감성으로 쓴다고 여겨지지만, 독자 중심적인 문장력에 필요한 것은 좌뇌의 논리적 사고다. 실제로 글 쓰는 일을 하다 보면 정답 하나를 찾아내기 위해 퍼즐을 푸는 듯한 감각을 느낄 때가 많다.

예를 들어, 앞서 언급한 아이폰의 '위로 밀어서 잠금 해제'라는 문구는 완전한 문장으로 표현하면 '아이폰 화면을 위로 밀어서 잠금을 해제하세요.'라는 형태가 된다. 여기에서 불필요한 부분을 논리적으로 제거하여, 최소한의 글자 수로 독자를 움직이는 문장을 만든다. 읽기 쉬운 문장은 논리적인 시각이 꼭 필요하다. 그리고 이는 훈련을 통해 충분히 익힐 수 있다.

과도하게 정서적인 문장은 기능을 잃는다

다른 사람이 쓴 카피나 글을 읽으면서 '감정적이고 멋진 말을 하고 싶어 하는 건 알겠는데, 무슨 말을 하려는 건지 전혀 모르겠다.'라고 생각한 적이 있지 않은가? 강좌에서 글을 첨삭하다 보면 독창적이거나 센스 있는 표현을 추구한 나머지 본래 전하려던 내용이 완전히 흐려진 글을 정말 자주 접한다. 감정적 가치만을 추구한 상품처럼, 뛰어난 디자인성을 추구한 나머지 매우 사용하기 불편해지는 일이 글에서도 발생한다.

이는 기능적 글쓰기와 정서적 글쓰기의 적절한 구분이 이루어지지 않은 상태다. 감정을 자극하는 정서적 글쓰기 방법을 배우기 전에, 먼저 기능적 글쓰기로 전하고자 하는 내용을 간결하고 명확한 언어로 독자에게 전달하는 것이 가장 중요하다.

앞서 언급한《점프의 만화학교 강의록[24]》에서도 비슷한 내용이 등장한다. 강의록에서는 '센스나 운에 의존하는 것이 공격력이고, 의식적으로 익힐 수 있는 것이 방어력이다.'라고 설명한다. 이것을 보고 정서적 글쓰기가 공격력, 기능적 글쓰기가 방어력에 해당한다고 생각했다.

---

24 https://jump-manga-school.hatenablog.com/entry/06

방어력을 키우면
승률도 올라간다

만화에서 센스나 운에 의존하는 것이 공격력,
의식하면 반드시 익힐 수 있는 것이 방어력,
장점을 살리기 위해서라도 실점을 줄이는 방어 기술을 익히자

공격력에 해당하는 정서적 글쓰기는 센스와 재능이 필요하다. 즉 '훈련하면 반드시 실력이 늘어난다.'라고 단언할 수 없는 영역이다. 반면, 방어력에 해당하는 기능적 글쓰기는 센스나 재능이 아니라 기술에 기반하기 때문에, 훈련하면 누구나 익힐 수 있다.

정서적 글쓰기는 재능과 센스가 있다면 잘 쓸 수 있고, 잘 쓴다면 좋은 글이 될 수 있지만 실패하면 오히려 역효과를 낸다. 《점프의 만화학교 강의록》에 "재미없는 코미디 장면이나 센스 없는 멋 부리기는 과감히 생략하라."라는 말이 있는데, 이는 정서적 글쓰기에도 그대로 적용된다. 즉 공격력이 필요한 표현은 그만큼 성공시키기 어렵다.

따라서 처음부터 재능이나 유머 센스를 발휘해 가산점을 노리기보다, 먼저 기능적 글쓰기 기술을 확실히 익히고 나서 방어력을 철저히 다지는 것이 독자 중심적인 글쓰기를 목표로 삼을 때 더 효과적이다.

갑자기 피겨 스케이트를 목표로 삼지 말자

"글을 잘 쓰고 싶다."라고 말하는 사람들의 이야기를 듣다 보면, 마치 스케이트를 제대로 탈 줄도 모르면서 갑자기 피겨 스케이팅 대회에서 우승을 노리는 듯한 인상을 받는다. 하지만 피겨 스케이팅 선수들도 아름다운 연기 이전에 링크 위에 서는 것부터 연습한다. 그러고 나서 넘어지지 않고 스케이트를 타는 방법을 꾸준히 익혔을 것이다.

글쓰기 역시 마찬가지다. 갑자기 감성적이고 아름다운 글을 목표로 삼는 것은, 링크 위에 서지도 못하면서 바로 트리플 악셀을 연습하려는 것과 마찬가지다. 아름다운 글을 쓰기 전에 독자를 철저히 고려한, 단순하고 진정으로 전달력 있는 글을 목표로 삼는 것이 중요하다.

연습 문제 ⑩

다음은 문장력 세미나의 캐치프레이즈들이다. 이를 기능적 글쓰기와 정서적 글쓰기로 분류해 보자.

문제

- 당신의 문장이 빛나기 시작합니다
- 수강생 수 2,000명 돌파
- 글쓰기에 고민하던 나는 이제 안녕
- 문장력은 곧 사람을 얻는 힘입니다
- 수강 후 만족도 95%
- 지금 신청하면 수강료 50,000원 캐시백

답안 예시

기능적 글쓰기

- 수강생 수 2,000명 돌파
- 수강 후 만족도 95%
- 지금 신청하면 수강료 50,000원 캐시백

정서적 글쓰기

· 당신의 문장이 빛나기 시작합니다

· 글쓰기에 고민하던 나는 이제 안녕

· 문장력은 곧 사람을 얻는 힘입니다

 실질적인 이점이나 사실을 전달하는 것이 기능적 글쓰기, 독자의 감정에 호소하는 것이 정서적 글쓰기다.

제8장

가장 완전한 문장력으로
글쓰기 완성

의뢰인의 기대를 뛰어넘자

우리가 비즈니스에서 글을 쓸 때, 의식해야 할 대상은 독자만이 아니다. 독자만큼, 때로는 독자보다도 더 글에 영향을 미치는 대상이 바로 그 글의 의뢰인이다.

내가 업무에서 쓰는 글은 모두 누군가의 의뢰를 받아 작성한 것이다. 의뢰인은 사내일 경우 상사, 마케터, 프로젝트 매니저, 디자이너 등이 될 수 있고, 외부일 경우 고객사 담당자나 거래처 담당자 등이 될 수 있다. 지금 당신이 읽고 있는 이 책의 글 역시 출판사와 편집자의 의뢰로 쓰고 있다.

아마 당신이 업무에서 쓰는 글도 대부분 누군가의 의뢰를 받아 작성했을 것이다. 상사가 보고서를 요청하거나, 동료가 기획서를 부탁하거나, 거래처에서 제안서를 요구하는 경우 등이다. '업무로 글을 쓴다.'라는 것은 이러한 의뢰인의 기대에 부응하는 일이기도 하다. 그렇게 함으로써 당신의 업무 평가가 확실히 올라갈 것이다.

그렇다면, 어떻게 하면 의뢰인의 기대에 부응하는 글을 쓸 수 있을까?

카피라이터는 서비스업이다

의뢰인의 기대에 부응하는 글을 쓸 때 가장 중요한 것은 바로 소통이다. 의뢰인과의 충분한 소통은 좋은 글을 쓰기 위해 꼭 필요하다.

나는 카피라이터로 일하면서 이 직업은 서비스업이라고 생각한다. 카피라이터라고 하면 책상 앞에서 혼자 묵묵히 카피를 쓰는 이미지를 떠올릴 수도 있다. 그러나 실제로는 정반대다. 의뢰한 사람과 충분히 대화하고 소통해야 한다. 왜냐하면, 의뢰인이 원하는 글은 의뢰인의 머릿속에만 존재하기 때문이다.

의도를 먼저 파악해야 한다

비즈니스에서는 쌍방이 공통의 인식을 갖는 것이 매우 중요하다. 업무에서 글을 쓰기 전에 가장 중요한 것이 바로 이 과정이다.

예를 들어, 당신이 마케팅 담당자라고 가정해 보자. 상사가 당신에게 "신제품 마케팅 아이디어를 생각해 줬으면 좋겠다."라고 의뢰했다. 당신은 '여성을 주요 고객층으로 특정하는 것이 좋겠다.'라고 판단해서, 여성에게 효과가 있을 만한 아이디어를 상사에게 제안했다. 그러나 상사는 이렇게 피드백한다. "이번에는 남성에게 제품을 판매하고 싶은데."

이제 당신은 여성을 위한 아이디어를 모두 버리고, 남성을 위한 아이디어를 처음부터 다시 구상해야 한다.

왜 이런 일이 발생했을까? 그것은 상사와 당신 사이의 '공통 인식'이 불완전했기 때문이다. 아이디어를 구상하기 전에 상사와 꼼꼼하게 공통 인식을 확인하는 과정이 필요하다.

당신은 상사로부터 "신제품의 마케팅 아이디어를 생각해 달라."라는 요청만을 받은 상태에서 아이디어를 구상하기 시작했다. 하지만 만약 아이디어를 생각하기 전에 이렇게 물어봤다면 어땠을까?

> "판매 대상을 여성으로 특정하면 어떨까요?"

그러면 상사는 이 시점에서 "음, 여성은 아니야. 이번에는 남성한테 판매하고 싶어."라고 말했을지도 모른다. 이렇게 하면 '판매 타깃을 남성으로 특정하여 아이디어를 구상한다.'라는 점을 상사와 당신 사이에서 명확히 할 수 있다.

비즈니스에서 글을 쓸 때는 이것이 아주 중요하다. 무엇을 쓸 것인지 의뢰인과 확실하게 못 박지 않고 작업을 시작하면 불필요한 작업이 계속 늘어난다. 심지어는 워드로 제출할지 파워포인트로 제출할지 같은 형식 차이조차 결과물의 이미지에 큰 영향을 줄 수 있다.

만약 당신이 워드로 작성한 자료를 제출했더니 상사가 "미안한데 파워포인트로 다시 받을 수 있을까?"라고 하면, 결국 처음부터 파워포인트로 자료를 재정리해야 하는 상황이 벌어지게 된다.

중요한 것은 의뢰인의 머릿속에 있는 결과물의 이미지를 얼마나 정확히 파악할 수 있는가이다. 의뢰인과 적극적으로 소통하며 의문점을 하나씩 해소해서 결과물의 이미지를 명확히 하는 작업이 매우 중요하다. 처음에 이 작업이 완벽히 이루어지면 완성한 글을 의뢰인에게 제출한 후 피드백 없이 한 번에 OK를 받을 수 있다.

'쓰는 힘'보다 '듣는 힘'

카피라이터 고시모 카즈야 씨는 카피라이터에게 '듣는 능력'이 요구된다고 했다.

> 카피라이터가 가장 키워야 할 능력은 '쓰는 능력'이 아니라 '듣는 능력'이다. 여기서 '듣는다'라는 것은 오리엔테이션이나 회의에 참석해서 표면적인 이야기를 메모하는 것이 아니라, 의뢰인, 크리에이티브 디렉터[CD], 팀의 과제, 고민, 욕구, 목표 등의 '진정한 의미를 이해하는 것'이다.
>
> _고시모 카즈야, 《이쯤에서 광고 카피의 진실을 이야기하겠습니다》

이것이야말로 독자 중심적인 글쓰기에 요구되는 '듣는 힘'이라고 생각한다. 어떤 일이든 의뢰인이 원하는 글, 기획, 아이디어는 이처럼 의뢰인의 진의를 깊이 이해하는 것이 중요하다.

해답은 의뢰인에게 있다

유니클로, 라쿠텐, 세븐일레븐 등의 아트 디렉션으로 잘 알려진 사토 가시와 씨는 자기 일을 두고 "아트 디렉터는 의사다."라고 말했다.

> 비유하자면, 내가 의사이고 클라이언트가 환자다. 막연히 문제를 안고 있지만, 어떻게 해결해야 할지 몰라서 찾아온 클라이언트를 문진하며 증상의 원인과 회복 방향을 찾아낸다. 문제점을 명확히 하는 동시에 갈고닦아야 할 잠재력을 끌어낸다.
> 답은 언제나 나 자신이 아니라 상대방 안에 있다.
>
> _사토 가시와, 《사토 가시와의 초정리술》

사토 가시와는 '문진'이라는 단어를 사용해 듣는 힘의 중요성을 언급했다.

글쓰기에서 흔히 겪는 고민 중 하나가 '무엇을 써야 할지 모르겠다.'라는 것이다. 그것은 글의 내용을 자기 안에서 찾으려 하기 때문이다. 아무리 자기 안에서 찾으려 해도 답은 나오지 않는다. 왜냐하면 답은 언제나 내가 아니라 상대방 안에 있기 때문이다. 카피 전문가인 고시모 카즈야 씨와 디자인 전문가인 사토 가시와 씨가 똑같이 듣는 힘의 중요성을 이야기하고 있다는 것은, 이 능력이 과제 해결에 본질적으로 필요하기 때문이라고 생각한다.

상사나 동료, 거래처가 만족할 만한 결과물을 내지 못한다면, 반드시 의뢰인이 어떤 의도와 생각을 하고 있고, 당신에게 무엇을 기대하고 있는지를 꼼꼼히 들어 보길 바란다. 당신의 마음속에 답답함이 남은 상태로 글을 쓰기 시작하면, 의뢰인과 당신 사이의 엇갈림은 점점 더 커질 수밖에 없다. 의뢰인에게 제대로 귀 기울이는 능력을 익히면, 언젠가 의뢰인의 기대를 뛰어넘는 결과물을 낼 수 있을 것이다.

'무엇을 쓰는가'보다 '왜 쓰는가'가 중요하다

글을 쓰는 행위는 앞서 언급했듯 '무엇을 쓸 것인가'와 '어떻게 쓸 것인가'로 나눌 수 있다. 그리고 좋은 글을 쓸 때 중요한 것은 '무엇을 쓸 것인가'라고 한다. 그러나 내가 중요하다고 생각하는 것은, '무엇을 쓸 것인가'보다 앞에 있는 '왜 쓰는가'라는 부분이다. 즉 '지금부터 당신이 쓰려고 하는 글은 무엇을 위한 것인가?'를 생각해야 한다.

사람들을 움직이는 방법을 연구하는 컨설턴트 사이먼 시넥은 그의 저서 《나는 왜 이 일을 하는가》에서 'WHAT'이 아닌 'WHY'로 사고를 시작하는 것의 중요성을 이야기한다.

골든 서클 이론

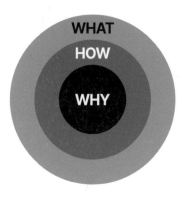

사이먼 시넥이 제창한 '골든 서클 이론'은 가장 바깥에 'WHAT', 그다음에 'HOW', 그리고 중심에 'WHY'가 위치한다. 나는 글도 이 구조로 써야 한다고 생각한다. '무엇(WHAT)을 써야 할지 모르겠다.'라는 고민이 생기는 이유는 '왜(WHY) 써야 하는가'가 명확하지 않기 때문이다. 그리고 '왜 쓰는가'를 명확히 하려면 독자를 우선해야 한다.

예를 들어 "좋아하는 사람에게 연애편지를 쓰고 싶은데 무엇을 써야 할지 모르겠다."라고 말하는 사람이 있다고 가정하자. 그 사람이 왜 그런 고민을 하는 걸까? 그것은 '왜 연애편지를 쓰고 싶다고 생각했는가?', 즉 연애편지를 쓰는 목적이 빠져 있기 때문이다.

연애편지를 쓰는 목적은 당연히 읽은 사람이 자신을 좋아하게 만들기 위해서다. 그렇다면 '무엇을 써야 할지'도 명확해진다. 읽는 사람이 자신을 좋아하게 될 만한 내용을 쓰면 된다. 이것이 바로 '독자 중심적 사고방식으로 무엇을 쓸지 고민하는 것'이라고 생각한다. 자신의 매력만 자랑하듯이 일방적으로 쓴 연애편지로는 좋아하는 사람의 마음을 돌릴 수 없다.

자기소개서와 이력서도 독자 중심으로

자기소개서나 이력서, 직무 경력서 등 회사의 채용 과정은 글을 통해 평가받는 기회가 매우 많다. 독자에게 잘 전달되는 글을 쓰지 못하면 서류 심사에서 탈락해 면접 기회조차 얻지 못한다. 여기서도 당연히 독자 중심적 사고방식이 매우 중요하다.

예를 들어, 취업이나 이직 활동에서 자기소개를 작성할 때를 떠올려 보자. 정말 많은 사람이 '자기소개서에 무엇을 써야 할지 모르겠다.'라고 고민한다.

이때 '왜 자기소개서를 써야 하는가.'라는 목적을 생각해 본다. 이는 즉 글의 목적이다. 그러면 누구나 쉽게 답을 찾을 수 있다. 당연히 '서류 심사를 통과하기 위해서'다. 그렇다면 서류 심사를 통과하려면 어떻게 해야 할까? 채용 담당자가 '이 사람을 채용하고 싶다.'라고 생각하게 만들면 된다. 따라서 이때 필요한 것은 '내가 보여 주고 싶은 것'을 쓰는 '자기중심적인' 자기소개서가 아니라, 채용 담당자가 읽고 채용하고 싶다고 느끼는 '독자 중심적인' 자기소개서다.

　그렇게 생각하면 '무엇을 쓸 것인지'는 자연스럽게 결정된다. 내 경험과 스킬 중에서 지원하려고 하는 기업과 관련성이 높은 것, 도움이 될 만한 것, 이익이 될 만한 것을 쓰면 된다. 그렇게 하면 채용 담당자는 분명 '이 사람을 채용하고 싶다.'라고 생각할 것이다.

자기 자랑보다는 경험을 바탕으로 쓴다

　자기소개서의 문장은 흔히 '자기중심적'이 되기 쉽다. 자기가 쓰고 싶은 것을, 쓰고 싶은 방식으로 쓴 글은 단순한 자랑에 불과하다.
　예를 들어, 당신이 다음과 같은 자기소개서를 작성했다고 하자.

> 저는 대학 시절, 해외 봉사활동을 경험했습니다. 그곳에서 언어를 초월한 소통의 중요성을 배웠습니다. 많은 외국인과 적극적으로 소통하며, 비록 언어가 통하지 않아도 마음은 전달될 수 있다는 사실을 실감했습니다.

　어떤가? 이대로라면 단지 자기 경험을 이야기하는 데 그칠 뿐이다. 여기에 독자 중심적 사고를 적용하면 다음과 같이 바꿀 수 있다.

> 저는 대학 시절, 해외 봉사활동을 경험했습니다. 그곳에서 언어를 초월한 소통의 중요성을 배웠습니다. 많은 외국인과 적극적으로 소통하며, 비록 언어가 통하지 않아도 마음은 전달될 수 있다는 사실을 실감했습니다. **이 경험을 바탕으로 귀사의 해외사업부에서 해외 거래처의 신뢰를 얻고 해외 사업의 성장에 기여하고 싶습니다.**

이처럼 굵은 글씨 부분을 추가하면 독자는 당신을 채용함으로써 얻을 수 있는 구체적인 이점을 상상할 수 있게 된다. 자기 경험과 지원 기업의 접점을 찾아낼 때 비로소 독자 중심적인 자기소개서가 완성된다.

'학창 시절에 주력한 분야'를 묻는 이유

채용 과정에서 나오는 대표적인 질문 중 하나는 "학창 시절에 열정을 쏟았던 일은 무엇인가?"다. '왜 이런 질문을 하는가?'를 잘 생각해 보면 무엇을 써야 할지 명확해진다. 채용 담당자는 사실 당신이 '대학생 시절에 열정을 쏟았던 일' 자체를 정말로 알고 싶어 하지 않는다. 그렇다면 왜 이런 질문을 할까? 바로 당신이 회사에 기여하고, 비즈니스를 성장시킬 수 있는 인재인지 판단하기 위해서다.

이렇게 생각하면, 이 질문도 단순히 대학 시절에 했던 일을 있는 그대로 답하는 것이 아니라, 채용 담당자가 '이 사람을 채용하고 싶다.'라고 느낄 만한 답을 내놓아야 한다. 달리 말하면 대학 시절에 정말 크게 힘썼던 일이 아니더라도, 독자(채용 담당자)가 당신을 채용하고 싶게 만든다면 그것으로 충분하다.

나는 라쿠텐으로 이직할 때, 채용 면접에서 나만의 캐치프레이즈를 만들었다. 그것은 바로 '라쿠텐 포인트에 대해 일본에서 가장 잘 아는 카피라이터'였다. 이 캐치프레이즈도 당연히 채용 담당자가 나를 채용하고 싶게 만들려면 어떻게 해야 할까를 고민한 끝에 탄생한 것이다.

나는 라쿠텐에 입사하기 전부터 라쿠텐의 우수 이용자였다. 그 과정에서 깨달은 것은 라쿠텐 포인트의 구조가 매우 복잡하다는 점이었다. 이 복잡한 구조를 이미 이해하고 있다는 점은, 채용 담당자 입장에서 볼 때 교육 비용을 줄일 수 있다는 이점으로 작용한다.

그리고 무엇보다, '라쿠텐 포인트라는 서비스에 대한 애정을 전달할 수 있다.'라고 생각했다. 나는 두 번의 이직을 경험했는데, 두 번 모두 서비스나 제품에 대한 애정이 중요한 채용 기준이었다. 반면, 다른 회사의 면접에서 "귀사의 서비스를 사용해 본 적이 없습니다."라고 말했다가 단번에 불합격한 경험도 있다.

채용 담당자가 '이 사람을 채용하고 싶다.'라고 생각하게끔, 나는 내게 '라쿠텐 포인트에 대해 일본에서 가장 잘 아는 카피라이터'라는 캐치프레이즈를 붙인 것이다. 그 결과, 면접은 매우 활기를 띠었고 나는 성공적으로 라쿠텐에 입사할 수 있었다.

목표 설정이 중요하다

글을 쓸 때 목표 설정은 매우 중요하다. '무엇을 위해 쓰는가', '어떤 문제를 해결할 것인가', '독자를 어떤 상태로 만들 것인가' 등을 철저히 고민해서 언어화해야 한다. 이 과정을 통해 '무엇을 써야 할지', '어떻게 써야 할지'가 자연스럽게 결정된다.

잡지에서 연재 중인 만화가들이 인터뷰에서 "이야기의 결말은 이미 정해져 있다."라고 말하는 것을 본 적이 있을 것이다. 이것 또한 먼저 목표(결말)를 설정함으로써, 이야기 속에서 무엇을 그려야 할지 결정하는 과정이라고 볼 수 있다. 사실, 이 책에서도 '맺음말'을 상당히 이른 시기에 썼다. 이를 통해 책에서 다룰 내용을 정할 수 있다고 판단했기 때문이다.

문장이란 조각이다

과거 문장력 강좌에서 수강생이 "글을 쓸 때, 글을 덧붙이는 방식과 줄이는 방식 중 어느 쪽을 더 많이 사용하시나요?"라고 질문했다. 이 질문이 정말 훌륭하다고 생각했는데, 그때 나는 이렇게 대답했다. "저에게 글쓰기란 조각에 가깝습니다. 글자를 깎아 내며 글을 완성합니다." 정확히 말하자면 조각의 밑바탕이 되는 나무를 잘라 내는 것처럼 내 안에 있는 모든 것을 꺼내서 토대가 되는 문장을 만든 후에 깎아 내는 방식으로 글을 만든다.

여러 차례 언급했듯이 독자 중심적인 글쓰기에서 가장 중요한 것 하나가 '글자 수를 줄이는 것'이다. 그러나 당연히 글자 수를 줄이려면 토대가 되는 문장이 필요하다. 그렇기에 첫 번째 단계는 '자기 안에 있는 모든 것을 짜내서 글의 토대를 만든다.'이다.

카피라이터라고 하면, '잠깐만 생각해도 멋진 아이디어가 떠오르고, 단숨에 한 줄의 카피를 써내는 사람' 같은 이미지를 떠올릴 수도 있다. 하지만 그런 카피라이터는 아마 단 한 명도 없을 것이다. 카피라이터가 가장 먼저 배우는 것은 '하나의 과제에 대해 100개의 카피를 써라.'라는 것이다. 실제로 나도 A4 용지 한 장에 하나씩 카피를 써서, 그 종이 뭉치를 상사이자 크리에이티브 디렉터에게 확인받는 경험을 했다.

어째서 100개나 써야 할까? 그것은 해당 과제를 해결하기 위한 모든 카피와 아이디어의 가능성을 전부 끌어내기 위해서다. 단 하나의 카피만으로는 그것이 정말 최고의 선택인지 검증할 수 없다. 여러 개의 카피를 작성해야 비로소 '어떤 것이 가장 효과적일지'를 논할 수 있다.

글쓰기도 마찬가지다. 먼저 자기 안에 있는 모든 단어와 아이디어를 남김없이 쏟아낸다. '더 이상 쏟아낼 것이 없다.'라는 생각이 들 때까지 다 쏟아내야 한다. 그래야만 비로소 글을 줄이고 다듬는 단계로 나아갈 수 있다.

사고력보다 사고량

내가 글을 쓸 때 중요하게 여기는 것은, 한 크리에이티브 디렉터가 말했던 '사고력'보다 '사고량'이라는 말이다.

질 좋은 글을 쓴다는 행위는 타고난 재능이나 세련된 센스처럼 노력으로는 어쩔 수 없는 요소로 여겨질 때가 많다. 그러나 그 크리에이티브 디렉터는 타고난 사고력보다 '얼마나 많이 생각했는가'를 뜻하는 '사고량'이 압도적으로 중요하다고 생각했다. 그 주제에 관해 세상에서 가장 많이 생각한 사람이 되라는 것이다.

이 책으로 말하자면 나는 '독자 중심적 글쓰기'라는 주제에 관해 세상에서 가장 오래, 가장 깊이 생각한 사람이 되어야 한다는 뜻이다. 어떤 카피라이터는 압도적인 사고량이 필요하다는 점을 "뇌에서 피가 날 때까지 생각하라."라는 말로 표현했다. 생각하면 할수록, 시간을 들이면 들일수록, 글은 더 나아진다.

아이디어의 저편

"뉴턴은 나무에서 떨어지는 사과를 보고 만유인력을 떠올렸다."

누구나 아는 뉴턴의 일화. 사실 이 이야기의 진위는 불확실하다고 하지만, 그럼에도 이 일화는 우리에게 중요한 힌트를 준다. '뛰어난 아이디어는 어떻게 탄생하는가'에 관한 힌트다.

이 일화만 듣고 보면 마치 '천재가 아무런 노력도 없이 너무나 쉽게 만유인력을 떠올렸다.'라고 생각할 수도 있다. 하지만 과연 정말로 그랬을까?

다음은 뉴턴에 관해 전해지는 또 다른 일화다.

어떤 부인이 이 유명한 과학자에게
"어떻게 그런 발견을 했나요?"라고 묻자,
뉴턴은 이렇게 대답했다고 한다.
"늘 그것을 생각했기 때문입니다."

_제임스 W. 영, 《아이디어 발전소》

이 일화를 통해 뉴턴조차도 만유인력을 갑자기 떠올린 것이 아니라는 사실을 알 수 있다. 그는 만유인력과 비슷한 무언가에 대해 끊임없이 24시간 생각하고 있었고, 그 상태에서 사과가 떨어지는 외부 자극을 받아 지금까지 없었던 발상을 떠올렸을 것이다.

끊임없이 생각하다 보면 지금까지 없었던 압도적인 아이디어가 떠오르는 순간이 온다. 나는 이 순간을 '아이디어의 저편'이라고 부른다. 생각하고, 또 생각하고, 더 이상 아무것도 떠오르지 않을 때까지. 말 그대로 "뇌에서 피가 날 정도로" 깊이 고민한 뒤에 번쩍 떠오르는 생각. 그런 아이디어는 믿을 수 없는 힘을 지닌다.

아이디어의 저편에 도달했을 때, 비로소 진정으로 독자 중심적인 글쓰기가 가능하지 않을까. 나는 그렇게 믿는다.

맺음말

'사람은 글을 읽지 않는다.'라는 내용을 썼음에도, 끝까지 읽어 준 당신께 감사의 인사를 하고 싶다. 지금 이 문장을 읽고 있는 당신은 분명 '정말로 글을 잘 쓰고 싶다.'라고 강하게 바라고 있을 것이다. 그리고 이 책은 바로 그런 당신이 읽기를 바라는 마음으로 썼다.

서두에서 언급했듯이, 이 책은 나의 독자 중심적 글쓰기 방법론을 집대성한 것이다. 이 책의 모든 말들은 단 하나의 목적을 달성하기 위해 존재한다.

"이 책으로 당신의 글쓰기 능력이 향상되는 것."

불필요한 글자는 단 하나도 없다.

이 책을 다 읽은 지금, 당신의 글쓰기 능력은 분명 향상되었을 것이다. 글쓰기에 대한 스트레스와 고민에서 해방된 당신의 삶이 더 풍요롭고 행복하기를 진심으로 바란다.

이 책을 끝까지 읽어 준 당신께 다시 한 번 진심으로 감사한 마음을 전한다.

미야자키 나오토

더 많은 사람이 읽게 만드는 글쓰기 기술

짧지만 강력한 콘텐츠 쓰기 전략

발행일 | 2025년 2월 3일
펴낸곳 | 유엑스리뷰
발행인 | 현호영
지은이 | 미야자키 나오토
옮긴이 | 김지혜
편　집 | 심미정, 황현아
디자인 | 김혜진
주　소 | 서울특별시 마포구 월드컵북로58길 10, 더팬빌딩 9층
팩　스 | 070.8224.4322

ISBN　979-11-93217-97-9

BYO DE TSUTAWARU BUNSHOJYUTSU
by NAOTO MIYAZAKI

•잘못 만든 책은 구입하신 서점에서 바꿔 드립니다.

좋은 아이디어와 제안이 있으시면 출판을 통해 가치를 나누시길 바랍니다.
투고 및 제안: uxreviewkorea@gmail.com